INA RUDOLPH

Loslassen

AF197235

G **GOLDMANN**
Lesen erleben

Buch

In diesem Buch stellt Ina Rudolph die effektivsten und erprobtesten Übungen zum Loslassen vor. Ein Jahr lang begleitet es den Leser aus seinen Denk- und Handlungsmustern heraus, die ihn jetzt noch behindern – hinein in ein Leben ohne lähmende Angst, ohne automatisch ablaufende Grübelschleifen, ohne Genervtsein, Frust, ständige Sorgen, Abhängigkeit, Stress und das Gefühl des Ausgeliefertseins.
Das Workbook zum erfolgreichen Vorgänger »Ich will ja loslassen, doch woran halte ich mich dann fest?«, mit dem jedoch auch unabhängig vom ersten Buch gearbeitet werden kann.

Autorin

Ina Rudolph wurde an der renommierten Hochschule für Schauspielkunst »Ernst Busch« Berlin in der darstellenden Kunst ausgebildet. Sie arbeitete viele Jahre für Fernsehen und Kino und hat an Drehbüchern und Theaterstücken mitgeschrieben. Im Frühjahr 2008 erschien als erste Veröffentlichung der Erzählband »Sommerkuss« mit sieben Erzählungen. Seit 2001 ist sie als Trainerin für »The Work« von Byron Katie tätig und hält dazu Vorträge, schreibt Bücher, gibt Seminare und bietet Einzelberatungen an. Ina Rudolph lebt in Berlin.

Von Ina Rudolph ist bei Goldmann außerdem erschienen:

Ich will ja loslassen, doch woran halte ich mich dann fest?
(22124)

Ich will mich ja selbst lieben, aber muss ich mich
dafür ändern? (22207)

INA RUDOLPH

Loslassen

Dein Arbeitsbuch
für ein ganzes Jahr

GOLDMANN

Sollte diese Publikation Links auf Webseiten Dritter enthalten,
so übernehmen wir für deren Inhalte keine Haftung,
da wir uns diese nicht zu eigen machen, sondern lediglich auf
deren Stand zum Zeitpunkt der Erstveröffentlichung verweisen.

Penguin Random House Verlagsgruppe FSC® N001967

2. Auflage
Originalausgabe Mai 2021
© 2021 Wilhelm Goldmann Verlag, München,
in der Penguin Random House Verlagsgruppe GmbH,
Neumarkter Str. 28, 81673 München
Lektorat: Anne Nordmann
Umschlaggestaltung: UNO Werbeagentur, München,
unter Verwendung einer Illustration der Autorin;
Kreis: FinePic®, München
Umschlagillustration und Illustrationen Innenteil: Ina Rudolph
Layout: Rita Nefzger, München
Motive Innenteil: Wolken: shutterstock/Blue Flourishes;
Yoga Icons: shutterstock/venimo
JG · Herstellung: cb
Satz: Uhl + Massopust, Aalen
Druck: Alföldi, Debrecen
Printed in Hungary
ISBN 978-3-442-22332-9

www.goldmann-verlag.de

Für dich

Inhalt

Wenn du etwas loslässt,
bist du etwas glücklicher.
Wenn du viel loslässt,
bist du viel glücklicher.
Wenn du ganz loslässt,
bist du frei.

Ajahn Chah (buddhistischer Mönch)

Loslassen führt dich in ein stimmiges Leben

In diesem Buch stelle ich dir die effektivsten und erprobtesten Übungen zum Loslassen vor, mit denen ich im Laufe von zwanzig erfahrungsreichen Jahren als Coach gearbeitet habe. Dieses Buch ist ein Schatz. Es begleitet dich ein Jahr lang aus deinen Denk- und Handlungsmustern heraus, die dich jetzt noch behindern – hinein in ein Leben ohne lähmende Angst, ohne automatisch ablaufende Grübelschleifen, ohne Genervtsein, Frust, ständige Sorgen, Abhängigkeit, Stress und das Gefühl des Ausgeliefertseins.

Bevor du in einem Lebensbereich neu und frisch starten kannst, braucht es oft erst einmal ein Erkennen und loslassen, was dich zurückhält und dich auf die immer gleiche Art denken, reagieren und handeln lässt.

Je mehr du mit den Inhalten dieses Buches spielst und experimentierst, desto mehr merkst du, dass du deinem Leben tatsächlich selbst eine Form geben und nach deinen Werten leben, lieben und arbeiten kannst.

Loslassen ist für jeden Menschen möglich, so wie es für jeden Menschen möglich ist, etwas Neues zu lernen. Schmerz, Anspannung, Streit – alles,

was dich jetzt noch belastet, kann dir den Weg zeigen, wie du zu dem stehen kannst, was sich für dich stimmig anfühlt, ganz gleich, was andere darüber denken. Genau dort, wo du jetzt Belastung spürst, findest du auch dein Rezept für ein freies und gleichzeitig verbundenes Leben.

Denn es gibt mehr im Leben, als nur brav seine Arbeit zu erledigen und sich dann davon zu erholen. Das Leben kann voller Abenteuer sein und gleichzeitig von einer erleichternden Klarheit. Du kannst eine freie Version deiner selbst leben, ohne etwas an den Rahmenbedingungen zu verändern. Du kannst mit deiner Familie, Nachbarn und Kollegen in gutem Kontakt sein, ohne dass sich jemand von euch dafür ändern müsste. Du kannst für dich einstehen und dadurch genauer und schneller bekommen, was du wirklich willst.

Lass los und du bist frei!

Wie du mit diesem Buch arbeiten kannst

Dieses Buch ist ein Arbeitsbuch, in dem jede Woche und jeden Monat neue Aufgaben auf dich warten. Sie alle sind darauf abgestimmt, dich deinem Ziel, loslassen zu können, ein Stückchen näher zu bringen.

Solltest du das Buch jetzt gerade gekauft oder geschenkt bekommen haben, bist du vielleicht hoch motiviert, möchtest gleich beginnen und am liebsten in einer Woche alle Inhalte verschlingen, verstanden und integriert haben. Das kann ich gut verstehen. Ich möchte dich ermutigen, dir für die Arbeit mit diesem Buch Zeit zu nehmen, um in Ruhe alles auszuprobieren, anzuwenden und zu vertiefen. Denn nur so werden aus Übungen Erfahrungen, nur so können sich nützliche Gewohnheiten wirklich automatisieren. Dies ist ein Buch für ein ganzes Jahr.

Auch wenn es hier um tiefgreifende Veränderungen geht, dürfen die Übungen durchaus Spaß machen. Loslassen muss keine bierernste Sache sein (Ist Bier überhaupt ernst?). Manches wird dich aber auch Überwindung oder Mut kosten – und das ist gut so. Echte Veränderung kannst du nicht herbeiführen, ohne deine Komfortzone zu verlassen. Bitte erlaube dir, dass manche Übungen dich ins Schwitzen bringen oder du ein, zwei Anläufe dafür benötigst.

Als ich vor zwanzig Jahren begonnen habe, mein Leben grundsätzlich umzukrempeln, war mir vor wichtigen Schritten manchmal kalt, ich habe gezittert und gleichzeitig geschwitzt. Und dann habe ich es gewagt. Oft bin ich dafür belohnt worden. Du kannst davon ausgehen, dass gerade die Übung, die dir nicht gleich superleicht fällt, genau *deine* Übung ist.

Ich habe mir bei der Reihenfolge der Übungen natürlich etwas gedacht. Klar, wirst du vorspicken, dagegen ist nichts zu sagen. Doch solltest du alles wild durcheinander üben, wird dir vielleicht an manchen Stellen eine Information fehlen. Daher möchte ich dir ans Herz legen, alles hübsch der Reihe nach zu machen und jede Übung zu genießen.

Und nun geht's los!

Was möchtest du loslassen in deinem Leben? Was passt nicht mehr zu dir? Was reicht dir jetzt? Welcher Leidensdruck hat dich dazu bewogen, dieses Buch aufzuschlagen? Wenn du kannst, zerbrich dir darüber nun nicht lange den Kopf, versuche nicht, es »richtig« zu machen, sondern erlaube dir, deinen Emotionen Raum zu geben.

Beginne jetzt:

1. Monat

Den Widerstand gegen Gefühle loslassen

Wie oft möchtest du dein Leben anders haben, als es gerade ist? Wie oft bist du mit dem, was andere Menschen tun, nicht einverstanden? Wie oft möchtest du etwas, was du in dir spürst, nicht fühlen? Und wie viel Energie und Nerven kostet dich das alles?

Emotionen wie Ärger, Angst, Wut, Enttäuschung oder Frust wollen wir meist nicht haben. Wir sträuben uns dagegen. Dennoch begleiten sie uns durch unser Leben. Wenn du etwas ablehnst, das bereits da ist, begibst du dich in einen Widerstand. Du musst Kraft aufbringen, um nicht zu fühlen, was du fühlst. Und du sendest dem, was dein Körper oder dein Herz dir sagen will, das Signal: UNERWÜNSCHT.

WAS IST, IST!

In dem Augenblick, wo etwas bereits so ist, wie es ist, haben wir nur die Wahl: Stellen wir uns dagegen oder gehen wir mit dem mit, was ist? Fließen wir mit dem Strom oder versuchen wir, gegen ihn anzuschwimmen? Oft ist das Dagegen aussichtslos und kostet viel Kraft – Kraft, die wir gut gebrauchen könnten, um unserem Leben die Richtung zu geben, die uns guttut. Wie fühlt sich dein Leben an mit diesem Widerstand, mit diesem Kampf gegen etwas, was bereits da ist?

Was du in diesem Monat loslassen kannst:

- den Widerstand gegen das, was ist.
- den verzweifelten Kampf gegen deine Gefühle.
- die Überzeugung, dass du es schaffen müsstest, dich anders zu fühlen.

Mit dem zu leben, was ist, fühlt sich mühelos und fließend an. Aus diesem inneren Frieden heraus kannst du leichter und authentischer dein Leben gestalten als aus einem Widerstand.

Gib dir ein paar Minuten Zeit und schau auf deine letzten Tage.
Wo hast du Widerstand gespürt gegen etwas, was da war?

1. Wo wolltest du nicht, dass etwas so ist, wie es ist? In welchen Situationen?
   Bei welchen Tätigkeiten?

....

....

....

....

....

2. Und dann erlaube dir zu spüren, wie dieser Widerstand sich anfühlt, dieser
   aufreibende Kampf. Wie viel Energie raubt er dir? Wie fühlt sich dein Leben
   in so einer Situation an?

....

....

....

....

....

Und wie wäre es, wenn du das, was da ist, willkommen heißen könntest? Nur
mal angenommen, du könntest das? Wenn die Empfindung da sein dürfte, ohne
dass du darüber nachdenken müsstest, ohne dass du sie verstehen, analysieren
oder eine Lösung finden müsstest? Wenn sie nur aus dem Grund da sein dürfte,
weil sie ja bereits da ist, jede Traurigkeit, jede Anspannung, jeder Ärger, jede
Enttäuschung? Wie du das umsetzen kannst, erfährst du im Laufe des Monats.

1. Woche

Übe, dir deine Gefühle zu erlauben

Mach diese Übung vorzugsweise, wenn du dich gestresst fühlst. Solltest du gerade überhaupt nicht im Widerstand gegen etwas sein, kannst du dir eine konkrete Situation aus deiner Vergangenheit suchen, in der du ein bestimmtes Gefühl nicht fühlen wolltest. Sieh diese Situation vor deinem inneren Auge und fühle, was du da gefühlt hast.

Mach es dir bequem und setze oder lege dich so hin, dass deine Muskeln entspannt sind. Nimm deine Aufmerksamkeit freundlich an die Hand und verlagere sie aus dem Denken in deinen Körper. Nimm wahr, was du dort gerade spüren kannst. Du brauchst es nicht zu analysieren oder gedanklich zu erforschen. Es spielt jetzt keine Rolle, *warum* du das Gefühl hast, wo es herkommt und wer daran schuld ist. Nimm einfach wahr, was du in deinem Körper spürst. Konzentriere dich auf deine reinen Körperempfindungen:

- Es zieht oder drückt.
- Es pulsiert oder ist fest.
- Es ist eng oder weit.
- Es ist warm oder kalt.
- Es ist hart oder weich.

Komm dabei, wenn möglich, ohne gedankliche Bewertung aus. Sag also nicht: Ich bin traurig oder verzweifelt, und das ist schlecht. Solche Gedanken zu den Empfindungen sind nur mögliche Interpretationen, die dich wieder tiefer in die stressige Geschichte ziehen können. Am besten probierst du es einfach mal ohne Bewertung aus, dann wirst du den Unterschied merken.

Bleib nun mit deiner Aufmerksamkeit ganz bei der Empfindung, die du gerade am deutlichsten wahrnehmen kannst, wenn möglich, ohne darüber nachzudenken:

- Kannst du diese Empfindung jetzt zulassen?
- Wie wäre es, wenn sie nicht weg müsste?
- Wie wäre es, wenn sie nicht anders sein müsste, als sie jetzt gerade ist?
- Wie würde es sich anfühlen, wenn du sie willkommen heißen könntest?
- Wenn du dich ihr freundlich zuwenden könntest?

Lass dir nach jeder dieser Fragen Zeit, um eine Antwort zu fühlen. Du brauchst nicht darüber nachdenken, es geht um das Spüren.

Während deine Aufmerksamkeit bei den Körperempfindungen liegt, können diese sich verändern oder wandern. Übergib ihnen die Regie und beobachte, was in deinem Körper vor sich geht.

Achtung: Manchmal höre ich den Einwand, dass es zerstörerisch sein könnte, seine Gefühle komplett zuzulassen. Die Menschen befürchten, dass sie zum Beispiel handgreiflich werden könnten, wenn sie sich ihre Wut vollständig erlaubten.

Deshalb: Handle nicht aus deinem stressigen Gefühl. Setze oder lege dich irgendwohin und erlaube dir lediglich, die Körperempfindung zu spüren.

Was kannst du mit der Erlauben-Meditation erreichen?

Die Angst vor starken Gefühlen lässt nach. Du musst dich nicht mehr übermäßig schützen oder Menschen und Situationen vermeiden. Du gewinnst Selbstvertrauen, weil du weißt, dass du mit jedem Gefühl, dass in dir auftaucht, umgehen kannst. Du sparst Kraft, da du nicht mehr gegen Gefühle kämpfen musst.

Die Erlauben-Meditation
auf einen Blick:
1. Nimm deine Körperempfindungen wahr (ohne Nachdenken).
2. Nimm diese Empfindungen ohne gedankliche Bewertung wahr.
3. Erlaube diesen Empfindungen, jetzt da zu sein.
4. Nimm wahr, wie es dir nach dem Erlauben geht.
5. Sollten neue stressige Gefühle auftauchen, beginne von vorn.

Hier kannst du dir die Meditation anhören und dich von mir hindurchbegleiten lassen: www.sinnsucher.de/loslassen-downloads

Was kann dir noch geschehen, wenn du bereit bist, mit allem, was in dir auftaucht, zu sein und zu bleiben?

2. Woche

Das starre Meditationsmuster loslassen

Nachdem du eine Woche lang die ausführliche Variante der Erlauben-Meditation gemacht hast, kannst du in dieser Woche mit einer kurzen und einer eigenen Variante experimentieren.

Beachte: Mach diese Meditation nicht mit dem Hintergedanken, dass Empfindungen durch das Erlauben weggehen sollen. Auf diese Weise würdest du sie nur zum Schein erlauben.

Die kurze Variante der Erlauben-Meditation kannst du dir hier anhören: www.sinnsucher.de/loslassen-downloads

Kurzversion der Erlauben-Meditation:

Setze oder lege dich entspannt hin und nimm wahr, welche Empfindungen in deinem Körper gerade präsent sind. Denke nicht darüber nach und bewerte sie nicht. Spüre, wo es in dir zieht oder drückt, eng ist oder weit, warm oder kalt und erlaube einer jeden Empfindung, da zu sein. Einfach nur, weil sie sowieso schon da ist. Sei freundlich mit ihr und entspanne dich in die Empfindung hinein, ohne sie weghaben zu wollen.

Deine eigene Variante der Erlauben-Meditation:

Du kennst jetzt die ausführliche und die kurze Variante dieser Erlauben-Meditation. Du kannst diese beiden Möglichkeiten natürlich immer wieder und so oft du möchtest hören. Du kannst auch damit experimentieren, dich ohne Kopfhörer und ohne

In der Erlauben-Meditation hast du gelernt, deine Empfindungen von den Interpretationen der Empfindungen zu trennen. Du hast mit Sicherheit auch gespürt, dass du jede Empfindung überleben kannst und dass sie sich, wenn du sie zulässt, in einem ständigen Veränderungsprozess befindet. Häufig rutscht sie nach einer Weile in den Hintergrund oder löst sich ganz auf.

Text entspannt hinzusetzen und schauen, was hängen geblieben ist und was von allein in dir auftaucht. Vielleicht hast du eigene Formulierungen, die dir den Zugang zum Erlauben von Empfindungen erleichtern oder die besser für dich passen. Oder dir kommen während des Meditierens Ideen, die du gern einbauen oder anhängen möchtest.

Und schließlich kannst du dir auch eine eigene Meditation auf dein Handy sprechen und dich dann von dir selbst durch die Übung führen lassen. So eine eigene Version hat den Vorteil, dass du dir zwischen den Sätzen so lange Zeit lassen kannst, wie es für dich passt. Außerdem kannst du den Text immer wieder veränderten Bedürfnissen anpassen.

Deine eigene Erlauben-Meditation:

3. Woche

Kommunizieren, was ist

In dieser Woche kommt zum Wahrnehmen und Erlauben noch das Kommunizieren hinzu:

- Wahrnehmen, was ist.
- Erlauben, was ist.
- Kommunizieren, was ist.

Die allermeisten stressigen Gefühle bekommen wir, weil wir stressigen Gedanken glauben, zum Beispiel, dass etwas gegen uns gerichtet ist, etwas eine Katastrophe ist, sich bestimmte Dinge niemals ändern werden oder wir selbst einfach nicht genügen. Solche Gedanken sind aber oft gar nicht wahr. Es sind Interpretationen, Befürchtungen, Annahmen, Urteile oder Bewertungen. Daher kann es hilfreich sein, sich klarzumachen, dass Gedanken erst mal nur Gedanken sind und keine Tatsachen. Auch wenn sie sich wahr anfühlen.

Übe mit deinen Freunden in einem ersten Schritt, deine Empfindungen und deine Gedanken *über* diese Empfindungen voneinander zu trennen. In einem zweiten Schritt übe, deine Gedanken mitzuteilen.

Ich nehme wahr … (Körperempfindung).
Und habe folgende Gedanken dazu: …

Beispiele:

Ich fühle gerade ein Brennen im Brustkorb
Ich glaube, ich habe gerade Angst vor …

Ich nehme eine Leere in meinem Kopf wahr
und ich befürchte, das ist Müdigkeit.

Ich spüre ein Wirbeln im Bauch
und vermute, ich bin gerade unsicher.

Ich bemerke eine Kühle im ganzen Körper
und habe Gedanken, die mir sagen, dass
ich nicht gut genug bin.

Die Gedanken, die du im Zusammenhang
mit bestimmten Empfindungen hast, kannst
du mithilfe von The Work überprüfen
(siehe den Extrateil ab Seite 96). Wenn du
das ein paarmal gemacht hast, wirst du
vermutlich feststellen, dass keiner von
deinen stressigen Gedanken auf die Art
zutreffend war, wie du ihn geglaubt hast.

Deine Beispiele:

4. Woche

Unstimmigkeiten loslassen

Wie oft hast du dich schon in deiner Interpretation von Situationen, Umständen oder dem Verhalten anderer Menschen geirrt? Und haben andere Menschen sich nicht auch schon von dir falsch interpretiert gefühlt? Sind daraus Unstimmigkeiten oder Streitigkeiten entstanden?
Wie wäre es, wenn du sagen könntest, was du fühlst und denkst, ohne behaupten zu müssen, dass deine Interpretation wahr ist?

Nachdem du in der letzten Woche deine Empfindungen und die Gedanken über deine Empfindungen getrennt voneinander kommuniziert hast, kannst du in dieser Woche üben, das, was du außerhalb von dir wahrnimmst, und deine Interpretationen dessen voneinander zu trennen.

Ich nehme wahr...
Und habe folgende Gedanken dazu: ...

Beispiele:

Ich bemerke deinen Blick, in meinem Brustkorb zieht sich etwas zusammen und ich denke, dass du ärgerlich auf mich bist.

Ich höre die Stimme der Frau am Nebentisch, spüre einen Stich im Kopf und glaube, dass sie angespannt ist und schimpft.

Weitere mögliche Formulierungsvorschläge:

Ich nehme ... wahr,
- *und die Geschichte, die ich mir darüber erzähle, ist ...*
- *und meine Theorie dazu ist ...*
- *und es tauchen Gedanken dazu auf, die sagen ...*

Meist reagieren andere Menschen entspannter,
wenn wir nicht behaupten, dass unsere Interpretation von
dem, was wir über sie glauben, objektiv richtig ist.
Wenn dir das seltsam vorkommt oder du das Gefühl hast,
dass dein Gespräch dadurch erst mal holprig verläuft,
kannst du deinen Gesprächspartner einweihen: »Ich probiere
gerade aus, wie es ist, wenn ich deutlich zwischen meinen
Empfindungen und meinen Gedanken zu einer Sache
trenne. Ich brauche dazu ein bisschen Zeit, weil es noch
ungewohnt ist. Ist das o.k. für dich?«
Wenn ja, kannst du im Anschluss auch nachfragen, wie es sich
für dein Gegenüber angefühlt hat, deine Empfindungen und
Gedanken getrennt voneinander mitgeteilt zu bekommen.

Deine Beispiele:

Resümee

1. Monat

Deine Erfahrungen:

....

....

....

....

....

Deine Erkenntnisse:

....

....

....

....

....

Welche Übung hat dir besonders gut gefallen?

....

....

....

....

....

Was war dir neu?

....

....

....

....

....

Was möchtest du weiter üben und wie?

....

....

....

....

....

Was konntest du loslassen?

....

....

....

....

....

2. Monat

Wie du bekommst, was du willst

In diesem zweiten Monat wollen wir die Gewohnheit etablieren, nach dem zu fragen, was wir wollen und um das zu bitten, was wir uns wünschen.
Als ich mich selbst noch nicht getraut habe, um das zu bitten, was ich mir wünsche, habe ich mich hinter allgemeinen Benimmregeln versteckt. Anstatt zum Beispiel die Bitte zu äußern, dass jemand das, was er sagen will, kurz fassen möge, habe ich gedacht: »Um so etwas zu bitten, tut man nicht« oder »Das gebietet doch der gesunde Menschenverstand, dass man sich kurz fasst«.
Nimm in deinem Alltag wahr, ob du ähnliche Konzepte bemühst, wenn du dich in dem Moment nicht traust, nach dem zu fragen, was du möchtest.

Was du in diesem Monat loslassen kannst:

- dein Gefühl, ausgeliefert zu sein.
- die Überzeugung, dass du sowieso nicht bekommst, was du möchtest.
- das qualvolle Warten, dass andere dir deine Wünsche von den Augen ablesen.

Bitte immer mindestens drei Leute um das, was du möchtest. Und wenn keiner Ja sagt, finde einen Weg, wie du dir deine Bitte selbst erfüllen kannst.

Du kannst viel mehr bekommen, als du glaubst. Du brauchst dich nur zu trauen, klar und aufrichtig danach zu fragen.

Vorübung fürs Bitten

1. Finde drei konkrete Beispiele aus deinem Leben, wo du andere Menschen um etwas gebeten hast, und du das, was du wolltest, so oder so ähnlich bekommen hast. Erlaube dir, bei jedem einzelnen Beispiel noch mal zu spüren, wie schön es war, dass du mit deiner Frage oder Bitte Erfolg hattest.
2. Und nun finde drei konkrete Beispiele, wo du *nicht* nach dem gefragt hast, was du wolltest, und es dann auch nicht bekommen hast.

- Wie hat es sich angefühlt, nicht gefragt zu haben?
- Hast du dich geärgert, dass die andere Person dir den Wunsch nicht von den Augen abgelesen hat?
- Wie lange hat dieser Ärger sich durch dein Leben gezogen?
- Ist er wieder aufgetaucht, als du an diese Person gedacht hast oder im Kontakt mit ihr warst?
- Wie hat dieser vielleicht unterschwellige Ärger die Beziehung zu der Person beeinflusst?
- Wie hat es sich angefühlt, diesen Wunsch mit dir herumzutragen, ohne ihn zu äußern?

In diesem Monat geht es darum, andere Menschen klar und unverstellt nach etwas zu fragen oder um etwas zu bitten. Wenn du das tust, stelle sicher, dass beim anderen ankommt:

- was du konkret möchtest,
- bis wann du das möchtest,
- auf welche Art du es genau möchtest.

Bitte frage am Ende nach: »Könntest du das für mich tun?« Warte ab, bis du eine Antwort bekommen hast. Vielleicht ist der andere nicht bereit, dir deine Bitte ganz genau so zu erfüllen, wie du sie formuliert hast, vielleicht ist aber eine Variante davon möglich. Oder die andere Person hat erst noch eine Nachfrage, bevor sie sich entscheiden kann, ob sie deine Bitte erfüllen wird.

Sollte es für dich neu und ungewohnt sein, aufrichtig um etwas zu bitten, ist es wahrscheinlich, dass es dich zu Beginn Überwindung kostet. Das ist normal und sollte dich nicht davon abhalten, dieses geniale Werkzeug in dein Leben einzubauen. Als ich damit vor über zwanzig Jahren angefangen habe, haben mich die ersten Versuche viel Kraft gekostet und ich hätte mich anschließend hinlegen können vor Erschöpfung.

1. Woche

Bitte um alle möglichen Dinge

Mach dir einen Sport daraus, um alles, was du gern hättest, zu bitten. Bitte jeden Tag um zehn Dinge. Gib dir selbst die Gelegenheit zu üben. Bitte klar und aufrichtig.

Du kannst um lauter kleine Dinge bitten. Bleibe wach dafür, um was du andere Menschen alles bitten könntest. Du kannst in der Bahn um einen Sitzplatz bitten, anstatt genervt aus dem Fenster zu schauen und »die jungen Männer von heute« alle unachtsam und egoistisch zu finden und diesen Groll dann weiter in deinen Tag zu tragen. Und wenn du nicht bittest, bemerke, wie der Ärger, dass du es nicht getan hast, dir dein eigenes Leben verdirbt.

Um welche Kleinigkeiten könntest du bitten?

- Koffer tragen helfen
- Tür aufhalten
- Petition unterschreiben
- bei Arbeitsschritten unterstützen
- gemeinsam einen Kaffee trinken gehen
- um einen heißen Kaffee bitten, falls er lauwarm kommt (anstatt über den lauwarmen Kaffee zu schimpfen) etc.

1. Worum hast du
heute gebeten?
2. Hast du dich getraut,
klar und eindeutig danach
zu fragen? (Oder hast du
herumgeeiert oder jemandem
Vorwürfe gemacht?)
3. Wie hat es sich angefühlt,
um das zu bitten,
was du gern wolltest?
(Unabhängig davon,
ob du es bekommen hast
oder nicht.)

1. ....

2. ....

3. ....

1. ....

2. ....

3. ....

1. ....

2. ....

3. ....

2. Woche

Worum kannst du nur dich selbst bitten?

In dieser Woche kannst du schauen, um was du nur dich selbst bitten kannst. Nimm dir zehn Minuten, lehne dich zurück, entspanne dich, atme einmal durch und überlege dir, welche von deinen Bedürfnissen du dir selbst erfüllen kannst. Und welche überhaupt *nur* du dir erfüllen kannst. Schreib sie auf. Wenn du eine Liste hast, erlaube dir zu spüren, was von dem, das du notiert hast, jetzt dran ist. Wähle ein Bedürfnis aus und spüre, wie es sich anfühlen würde, wenn du dir dieses Bedürfnis erfüllen würdest. Erlaube dir, diese Visualisierung mindestens drei Minuten lang zu machen (gern länger). Wenn sich das gut anfühlt, erfülle dir dieses Bedürfnis. Wenn nicht, teste ein anderes von deiner Liste in einer Visualisierung aus.

Mögliche Beispiele für Bedürfnisse, die du dir selbst erfüllen kannst:

- nichts mehr aushalten, was ich nicht leiden kann.
- weniger arbeiten.
- gesünder essen.
- mal wieder ein gutes Buch lesen.
- regelmäßiger Sport machen.
- meditieren.
- mit meiner Mutter ehrlich sprechen.
- weniger/mehr Geld ausgeben.
- alles, was getan werden muss, in Ruhe tun.

Welche Bitten hast du an dich selbst?

....

....

....

....

1. Um was hast du dich heute gebeten?
2. Wie hat es sich angefühlt, dir selbst diese Bitte zu erfüllen?

1. ....

2. ....

1. ....

2. ....

1. ....

2. ....

1. ....

2. ....

1. ....

2. ....

3. Woche

Zeig dich

in deinen Bitten

Nimm dir etwas mehr Zeit, um zu spüren, worum es dir in einer Situation, in der du um etwas bittest, wirklich geht. Und dann kommuniziere dies so transparent wie möglich. Das heißt: Sprich von dir und teile dich aufrichtig mit. Erzähle anderen ehrlich davon, was gerade in dir vorgeht. Das gibt demjenigen, den du um etwas bittest, die Möglichkeit, deine Bitte emotional zu erfassen. Und du selbst musst dich mit dem, was du fühlst, nicht verstecken. Trau dich ein Stück weiter aus deiner Komfortzone heraus.

Beispiele von mir:

Ich fühle mich gerade so gestresst – **könnten Sie mir sagen, was Ihnen hilft, wenn Sie gestresst sind?**

Würden Sie mir verraten, welches Parfüm Sie benutzen? *Das gefällt mir wirklich sehr gut.*

Könnten wir einfach nur hier sitzen? *Ich mag gerade nicht reden.*

Ich habe Angst, hier abends allein langzugehen. **Darf ich mich Ihnen anschließen?**

Welche Bitten, in denen du dich hättest selbst zeigen müssen, hast du in der letzten Zeit vermieden? Und wie hat es sich angefühlt, sie nicht zu äußern? Welcher Gedanke hat dich zurückgehalten? Kannst du dir sicher sein, dass dieser Gedanke wahr ist? Überprüfe ihn gern mit The Work (Anleitung im Extrateil).

Wen hast du heute um etwas gebeten? Und hast du nur von dir gesprochen und dich aufrichtig mitgeteilt? (Kollegen/ deinen Partner/ Freunde/ Nachbarn/ Familie?)

4. Woche

Verschüttete Bitten erfüllen

In dieser vierten Woche kannst du unerfüllte Bedürfnisse entdecken, die schon dein ganzes Leben lang in dir schlummern und um die zu bitten du dich noch nicht getraut hast. Vielleicht hast du gegenüber deiner Mutter, deinem Vater, anderen Familienmitgliedern oder Freunden Bedürfnisse, die du schon seit deiner Kindheit verdrängst oder wegdrückst, weil du glaubst, dass »man« solche Wünsche nicht haben, geschweige denn äußern darf. Oder vielleicht hast du erlebt, dass es anderen zu viel geworden ist, wenn du solche Bedürfnisse geäußert hast.

Ich gebe dir hier eine kleine Anleitung, mit der du diese Bedürfnisse aufspüren kannst: Schreibe sie auf und stell dir vor, wie dein Leben wäre, wenn du diese Wünsche oder Bedürfnisse jetzt erfüllt bekämest.
Oder stell dir vor, wie dein Leben sein wird, wenn du dich getraut hast, darum zu bitten. Dein Gegenüber

weiß nun darum und kann, falls er oder sie dir die Bitte nicht sofort erfüllen kann oder möchte, vielleicht später auf dich zukommen.

Verschüttete Bedürfnisse aufspüren

Mach es dir bequem und atme einige Mal tief ein und aus. Denke in dieser Übung nicht angestrengt nach. Du brauchst nur deinen Bildern und Gefühlen folgen, die sich von selbst zeigen. Es geht nicht darum, jemandem Schuld zuzuweisen.

Kindheit: Kannst du das Umfeld deiner Kindheit vor deinem inneren Auge sehen? Eure Wohnung, die Straße, dein Kinderzimmer und die Menschen, die dich umgaben? Und neben all dem, was schön war:

- Was hat dir in dieser Zeit gefehlt? Hast du damals Ärger gespürt, Trauer, Frust, Zorn oder Einsamkeit?
- Welches Bedürfnis von dir wurde nicht erfüllt?
  (Lass dir Zeit, die Bilder auftauchen zu lassen)
- Womit warst du allein in deiner Kindheit?
- Womit musstest du ohne Hilfe zurechtkommen, obwohl du gern Unterstützung gehabt hättest?
- Was hast du dir immer gewünscht?
- Wovon hast du immer nur kleine Häppchen bekommen, hättest aber gern viel mehr gehabt?
- Wie hätten die Personen in deinem Umfeld mit dir sprechen sollen?
- Welche Art der Berührung, welche Art des Zuhörens, welche Art des Für-dich-da-seins hast du dir gewünscht?
- Auf welche Weise hätten die Menschen um dich herum zu dir stehen sollen? Welche Unternehmungen hättest du gern mit ihnen gemacht?

Unerfüllte Bedürfnisse erkennst du daran, dass auch jetzt, in der Erinnerung daran, ein echter Schmerz auftaucht. Notiere dir nur, was du als ungestilltes Bedürfnis wirklich fühlen kannst.

Erwachsenalter: Und dann werde vor deinem inneren Auge älter und wiederhole die oben genannten Fragen. Erinnere dich an Erlebnisse mit Personen, die in deinem bisherigen Erwachsenenleben eine wichtige Rolle gespielt haben. Zum Beispiel mit Eltern/Großeltern/Freunden/Partnern/Kollegen. Meist zeigen sich ein, zwei Bedürfnisse in verschiedenen Erscheinungsformen.

Hier kannst du dir die Anleitung dieser Übung auch als Meditation anhören und dich von mir hindurchleiten lassen: www.sinnsucher.de/loslassen-downloads

Welches Bedürfnis wartet in dir schon lange auf seine Erfüllung?

Jetzt geht es darum, das lange gehegte Bedürfnis, das du durch die Übung erkannt hast, auszudrücken. Ein echtes Bedürfnis auszudrücken, gibt weder dir noch einem anderen die Schuld, es greift also nicht an und verletzt den anderen nicht.

Dein Bedürfnis kann viele unterschiedliche Gesichter haben. Du könntest zum Beispiel ein Bedürfnis nach Verbindung haben, das sich konkreter als ein Bedürfnis nach Aufmerksamkeit, Zusammenarbeit, Nähe, Austausch äußert.
Oder dein Bedürfnis könnte Entspannung heißen und sich genauer als ein Bedürfnis nach Erholung, Leichtigkeit oder Ruhe zeigen. Oder du spürst ein Bedürfnis nach Entwicklung und kannst das als Bedürfnis nach Rückmeldung, Sinn, Bedeutung, Engagement oder Bildung konkretisieren.

Wenn du ein Bedürfnis gefunden hast, das schon länger auf Erfüllung wartet, kannst du schauen, wer dir dieses Bedürfnis in der Gegenwart erfüllen könnte und auf welche Art. Du kannst unterschiedliche Menschen um die Erfüllung des gleichen Bedürfnisses bitten, gern auf verschiedene Arten, falls dir das passend erscheint. Oder du überlässt es ihnen, eine Art vorzuschlagen, die für sie machbar ist. Du könntest erst das übergeordnete Bedürfnis äußern und dann die konkrete Bitte an die Person, an die du dich gerade wendest.

Mögliche Beispiele:

Ich spüre gerade ein Bedürfnis nach Verbindung. **Darf ich für einen Moment deine Hand halten?**

Ich bemerke, dass ich ein Bedürfnis nach Klarheit habe. **Würdest du mir bitte noch mal ganz genau sagen, was du von mir möchtest?**

Ich fühle mich gerade schwer und mag das nicht. *Ich habe ein Bedürfnis nach Leichtigkeit und Humor* **und schaffe es gerade nicht, mich selber damit zu verbinden. Könntest du mir einen Witz erzählen? Oder zwei?**

Sollte die Person, die du gebeten hast, deine Bitte nicht erfüllen wollen, frag jemand anderen. Im unwahrscheinlichen Fall, dass niemand deine Bitte erfüllen möchte, kannst du dich selbst um die Erfüllung deines Bedürfnisses kümmern.

Solltest du dabei Angst spüren oder anderen Stress – das ist normal. Du verlässt deine Komfortzone und traust dich aus eingefahrenen Mustern heraus. Kannst du dich dafür bei dir bedanken?

Und dann nimm wahr, wie sich das anfühlt, für das, was du dir wünschst, losgegangen zu sein, anstatt das Opfer unerfüllter Bedürfnisse zu bleiben. Diese alten Bedürfnisse sind auch heute noch stillbar, und du selbst kannst deine alten Wunden heilen.

1. Ich habe ein Bedürfnis nach: ....

....

2. Wen könnte ich darum bitten? Wie genau? ....

....

1. Ich habe ein Bedürfnis nach: ....

....

2. Wen könnte ich darum bitten? Wie genau? ....

....

1. Ich habe ein Bedürfnis nach: ....

....

2. Wen könnte ich darum bitten? Wie genau? ....

....

Resümee

2. Monat

Deine Erfahrungen:

....
....
....
....
....

Deine Erkenntnisse:

....
....
....
....
....

Welche Übung hat dir besonders gut gefallen?

....
....
....
....
....

Was war dir neu?

....

....

....

....

....

Was möchtest du weiter üben und wie?

....

....

....

....

....

Was konntest du loslassen?

....

....

....

....

....

3. Monat

Nein sagen, wenn du ein Nein spürst

Wie viel Kraft und Zeit geht dabei drauf, die Suppen auszulöffeln, die ich mir einbrocke, wenn ich mal wieder zu irgendetwas Ja gesagt habe, obwohl ich das gar nicht wollte?

»Ein ehrliches Nein zu jemand anderem kann ein ehrliches Ja zu dir selber sein. Und letztendlich auch zum anderen.«
Byron Katie

Weshalb ist ein ehrliches Nein dennoch ein Ja?

1. Wenn ich mich dem anderen aufrichtig zeige, kann er sich um eine alternative Erfüllung seines Bedürfnisses kümmern. Er verschwendet keine Zeit und Nerven, indem er auf mich wartet.
2. Der andere lernt mich kennen, wie ich wirklich bin. Nicht nur die Maske, die ich mir aufsetze, damit ich möglichst nicht anecke.
3. Der andere bekommt ein breites Spektrum an Rückmeldungen.
4. Es könnte sein, dass ich den anderen mit meinem klaren Nein ermutige, auch klar zu sein.

Und weshalb ist es gut für mich, wenn ich ein Nein, das bereits fühlbar da ist, auch ausdrücke?

1. Es wird viel Energie und Zeit frei, wenn ich nicht mehr herumeiere und mich herauszuwinden versuche.
2. Ich habe die Bitte des anderen aus dem Kopf und muss nicht mehr darüber nachdenken, mit welcher Ausrede ich zu einem späteren Zeitpunkt noch absagen könnte. Ich wälze keine Formulierungen in meinem Kopf und versuche nicht, (in der Angelegenheit des anderen) zu erraten, was für den anderen am schmerzlosesten wäre oder was er am ehesten akzeptieren würde.
3. Ich muss keine Angst haben, dass die Lüge später noch rauskommt.
4. Ich fühle mich stimmig mit mir. Dieses Gefühl kann für Wohlbefinden sorgen.

Und nun bist du dran: Warum ist es ganz persönlich für dich und für dein Leben so wichtig, Nein zu sagen, wenn du ein Nein fühlst?

Finde drei konkrete Beispiele, in denen du *nicht* Nein gesagt hast, obwohl du ein Nein gespürt hast. Lass dir Zeit, bis du die Situation gut vor Augen siehst und sie auch spüren kannst. Wie hat es sich angefühlt, nicht zu dem zu stehen, was in dir vorging? Nimm dir einen Moment, um das noch mal deutlich zu spüren. Dann schreibe die Gefühle, die du hattest, bitte hier hin:

Und nun finde drei konkrete Beispiele, in denen du klar Nein gesagt hast. Lass dir Zeit, bis du die jeweilige Situation gut vor Augen siehst und sie auch spüren kannst. Wie hat es sich angefühlt, zu dem zu stehen, was wirklich in dir vorgegangen ist? Nimm dir einen Moment, um das richtig zu spüren. Dann schreibe die Gefühle, die du hattest, bitte hier hin:

Das Nein-Experiment

Ich lade dich zu einem Experiment ein: Sag diesen ganzen Monat zu allem Nein, was dich nicht wirklich kickt und wobei du keine echte Freude spürst. Falls du es nicht selbst willst, sag Nein, wenn jemand etwas von dir möchte. Solltest du nur ein »Kann ich machen« oder Ähnliches spüren, finde eine Möglichkeit, die Sache abzulehnen.

Nimm wahr, ob du mit deinem Nein klar bist oder ob du noch undeutlich bleibst, indem du zum Beispiel sagst: »Na, ja, eigentlich nicht.« Oder: »Muss das sein?« Wie fühlt sich so eine Formulierung für dich an? Wie hätte eine klare Antwort gelautet und sich angefühlt?

Wenn du unsicher bist, ob du eine Bitte erfüllen möchtest, könnte es auch sein, dass dir der Rahmen der Bitte noch nicht ganz klar ist. Dann könntest du nachfragen und um Konkretisierung bitten. Wenn jemand sagt: »Kannst du das ›mal eben‹, ›mal schnell‹ oder ›nur ganz kurz‹ erledigen?«, könntest du darum bitten, dass derjenige festlegt, wie lange es dauert oder einen Zeitrahmen anbieten. Zum Beispiel: »Ich hätte fünf Minuten. Reicht das?«

Finde deine eigenen Formulierungen, die du mit deinem Nein kombinieren kannst. Übe, dein Nein mit einer emphatischen Reaktion zu verbinden. Zum Beispiel:

- Ich verstehe, dass dir das wichtig ist. Trotzdem möchte ich es nicht machen.
- Diesmal kann ich nicht. Könnte ich dir auf eine andere Weise behilflich sein?
- Ich weiß es noch nicht. Frag mich bitte später noch mal.
- Ich respektiere dich und möchte gern ehrlich zu dir sein. Meine ehrliche Antwort lautet: Nein.

Deine eigenen Formulierungen:

....

....

....

Was du in diesem Monat loslassen kannst:

- das »Njein« sagen, das Rumeiern und Herauswinden.
- die Angst, dass eine Lüge später doch noch rauskommt.
- das Gefühl von innerer Unstimmigkeit.

1. Woche

Das unehrliche Ja loslassen

Warum sagst du Ja, wenn du Nein fühlst?

Irgendeinen Vorteil versprichst du dir davon, vielleicht unbewusst, wenn du nicht Nein sagst. Hier ein paar Möglichkeiten. Trifft etwas auf dich zu?

- Dann sehen andere mich in einem positiven Licht.
- Dann muss ich keine Schuldgefühle haben.
- Dann ist der andere mir etwas schuldig.
- Dann mag der andere mich lieber.
- Dann bin ich ein freundlicher, hilfsbereiter, guter Mensch.

Deine eigenen Vorteile:

Mein Tipp: Mach eine Work (siehe Extrateil über The Work auf Seite 98) mit dem stressigsten dieser Glaubenssätze!

2. Woche

Das Neinsagen beobachten

Beobachte andere Menschen, wenn du sie um etwas bittest und sie deiner Bitte nicht nachkommen wollen. Auf welche Art sagen sie Nein, und wie fühlt sich das für dich an? (Dazu könntest du die Übung aus dem 2. Monat wiederholen und fünf Bitten am Tag stellen.) Sicher wirst du Situationen erleben, wo du beschließt, es so auf keinen Fall selbst machen zu wollen. Aber vielleicht gibt es auch richtig coole Antworten, die du in dein Repertoire aufnehmen möchtest. Womöglich bist du ja auch dabei, wenn jemand anderes auf eine Bitte ein Nein als Antwort bekommt. Diese Beispiele kannst du natürlich auch studieren.

Die wunderbarsten Arten, Nein zu sagen:

....

....

....

....

Die unpassendsten Arten, Nein zu sagen:

....

....

....

....

....

Zusätzlich kannst du mit anderen über das Neinsagen ins Gespräch kommen oder sie direkt fragen: »Hast du schon mal zu jemandem Nein gesagt, obwohl es dich Überwindung gekostet hat? Wie hast du es letztendlich gemacht? Und wie war das für dich? Was war das schönste, berührende, verbindendste Nein, das du je gehört hast? Welches war das furchtbarste?« So ein Gespräch kann euch verbinden und Spaß machen!

Und vergiss nicht dein Monatsexperiment, zu allem Nein zu sagen, was dir keine Freude macht oder nicht sinnvoll erscheint.

3. Woche

Beklemmungen loslassen

Zu wem hast du in der letzten Zeit nicht klar Nein gesagt, obwohl du ein klares Nein gespürt hast? Wie würde es sich anfühlen, wenn du das aus der Welt schaffen würdest? Nimm dir einen Moment, um das zu spüren. Vielleicht taucht Klarheit auf und Erleichterung. Erlaube dir zu fühlen, wie es sein wird, wenn du der anderen Person gegenüber ehrlich bist.

Deine Beispiele:

....

....

....

....

....

....

Kontaktiere diese Person auf die Art deiner Wahl und kommuniziere transparent, was du zu sagen hast. Vielleicht fühlt es sich für dich gut an, dich zu entschuldigen.

Beispiele:

- Als du mich vor einem Monat gefragt hast, ob ich dir beim Umzug helfe, habe ich Ja gesagt, weil ich dich nicht verletzen wollte. Ich habe dich sehr gern und möchte dich nicht verlieren. Ich habe Ja gesagt, obwohl ich Nein gespürt habe. Ich hatte dann den ganzen Tag schlechte Laune und habe mir Mühe gegeben, dass man mir das nicht ansieht. Diese Unehrlichkeit belastet mich immer noch, und ich wünsche mir, dass unsere Freundschaft gegenseitige Ehrlichkeit aushält. Deshalb möchte ich heute mit dir ehrlich sein. Jetzt, wo ich es gesagt habe, fühlt es sich schon besser an. Wie ist das für dich?
- Ich bemerke manchmal, dass ich lieber Antworten gebe, die der andere hören möchte, weil das auf den ersten Blick unkompliziert ist und wenig Arbeit macht. Wie ist das für dich: möchtest du eine ehrliche Antwort von Herzen oder eine Antwort, die dir schmeichelt?
- Ich habe mich damals nicht getraut, ehrlich Nein zu sagen, weil ich Angst hatte, dich zu verletzen oder zu verlieren. Heute kann ich sehen, dass uns das eher trennt, als verbindet. Ich möchte mich mit dir lieber verbunden fühlen und deshalb jetzt (und in Zukunft) mit dir ehrlich sein.

4. Woche

Dein Leben
aufräumen

Nimm dir Zeit, vielleicht mit deinen Fotoalben als Erinnerungshilfe, und gehe Stück für Stück durch dein ganzes Leben hindurch.

1. Erinnere dich, wann und zu wem du kein ehrliches Nein gesagt hast und wie sich das angefühlt hat.

2. Was ist mit eurem Kontakt geschehen, nachdem du nicht aufrichtig warst? Erlaube dir, das zu fühlen.

3. Wie hätte es sich zu der Zeit und mit dieser Person damals angefühlt, wenn du dich mit deinem Nein ehrlich hättest vertreten können? Wenn du dich der anderen Person aufrichtig zugemutet hättest, mit dem, was du wirklich gefühlt hast? Wenn du schon transparent hättest kommunizieren können?

Und dann erlaube dir, das zu fühlen. Wenn du kannst, überbringe deinem früheren Ich in deiner Vorstellung diese Fähigkeit als Geschenk und erlebe die Situation dann noch einmal. Kommuniziere offen und ehrlich und fühle, wie es sich anfühlt, dich mit deinem aufrichtigen Nein zu vertreten.

Deine Beispiele:

1. ....

....

....

2. ....

....

....

3. ....

....

....

1. ....

....

....

2. ....

....

....

3. ....

....

....

Resümee

3. Monat

Deine Erfahrungen:

....
....
....
....
....

Deine Erkenntnisse:

....
....
....
....
....

Welche Übung hat dir besonders gut gefallen?

....
....
....
....

Was war dir neu?

....

....

....

....

....

Was möchtest du weiter üben und wie?

....

....

....

....

....

Was konntest du loslassen?

....

....

....

....

....

4. Monat

Dich ehrlich und transparent zeigen

Für mich war es eine große Erleichterung, als ich eine Möglichkeit fand, in meinem Leben transparent zu kommunizieren und andere einfach nur an dem teilhaben zu lassen, was in mir gerade vor sich ging, anstatt sie anzugreifen, ihnen Vorwürfe zu machen oder gleich mit Verbesserungsvorschlägen zu kommen. Genauso schätze ich es, wenn andere sich mir gegenüber sichtbar machen. Ich kann sie dann meist auf Anhieb verstehen, sogar mit ihnen mitfühlen, und das Ergebnis ist ein Kontakt, der sich echt, auf Augenhöhe und verbunden anfühlt.

Ich lasse den Versuch los, anderen ein bestimmtes Bild von mir zu zeigen oder eine bestimmte Identität aufrechtzuerhalten.
Ich brauche kein Konzept von dem, was ich bin. Ich darf mich in jedem Moment meines Lebens frisch und neu erfahren.

Was du in diesem Monat loslassen kannst:

- dass du etwas verheimlichen musst.
- dass mit dir vielleicht etwas nicht stimmt.
- dass du nur etwas Bestimmtes bist und etwas anderes wieder nicht.
- dass du mit einem Geheimnis herumlaufen und schwer daran tragen musst.

Beispiel:

Ich höre Menschen öfter sagen: »Ich bin nicht der Typ, der etwas auf xy Art macht.« Oder: »Diese Eigenschaft liegt mir fern.« Oder: »Nein, das passt nicht zu mir.« Oder: »Das würde ich niemals tun!« Meist versuchen Menschen damit, bei anderen Vertrauen zu erwecken, dass sie sich selbst und ihren Charakter auf eine bestimmte Weise definieren (und damit beschränken). Damit limitieren sie ihr Verständnis von sich und ihrem Denk-, Fühl-, und Handlungsradius.

Der Wunsch, der dahintersteht, könnte heißen: »Ich hoffe, dass ich niemals jemand anderem werde wehtun müssen.« Oder: »Ich wünschte, ich könnte ein noch besserer Mensch sein.« Oder: »Ich wünsche mir, dass ich niemals in die Lage gerate, so etwas tun zu müssen.« Oder: »Von meinem jetzigen Standpunkt aus gesehen, finde ich es unmöglich, so etwas zu tun.«

Wenn du behauptest, dass du »so etwas« nicht tust, oder »so ein Mensch« nicht bist, erlegst du dir möglicherweise auf, so bleiben zu müssen, wie du jetzt bist. Auch, wenn du dich eigentlich ändern willst. Oder du verurteilst dich selbst dafür, dass deine innere Realität sich verändert hat und bist hart und streng mit dir.

Erlaubst du dir hingegen, immer nur für den jeweiligen Moment zu sprechen, ist deine Schilderung frisch und fließend. Sie speist sich nicht aus Konzepten der Vergangenheit. Alles darf im Fluss sein. Das fühlt sich meist leicht und einfach an, und es führt dich eher in die Wahrnehmung dessen, was gerade ist, als ins Denken.

Stell dir vor,

- du könntest in der Welt wie ein offenes Buch liegen.
- du müsstest nichts von dir verstecken, bräuchtest also auch nicht fürchten, dass bestimmte Informationen über dich »herauskommen«.
- du bräuchtest dir keine Mühe zu geben, um auf eine bestimmte Weise auf andere zu wirken.
- du könntest ehrlich zugeben, wenn du etwas nicht weißt.
- du müsstest nicht die Kraft aufbringen, um etwas zu übertünchen oder anderweitig unkenntlich zu machen.

Wie würde sich dein Leben dann anfühlen?

1. Woche

Mit Aufrichtigkeit Verbindung schaffen

Nimm in dieser ersten Woche wahr, was du im Kontakt mit anderen Menschen zurückhältst, was du verstecken möchtest. Und dann probiere einmal aus, dich genau mit dieser Sache zu zeigen. Sprich sie einfach aus.

Beginne gern mit etwas, was dir nicht so schwerfällt. Bemerke, wie erleichternd es sich für dich anfühlt, nichts verstecken zu müssen und wie Aufrichtigkeit sofort Verbindung schafft.

Beispiele:

1. »Ich merke gerade, dass ich den Bauch einziehe. Ich möchte wohl schlanker wirken.«
Oder noch ehrlicher: »Ich möchte vor dir gern schlanker wirken. Ich stelle mir vor, dass du mich gern schlanker hättest/ mich mit flacherem Bauch besser finden würdest.«

2. »Ich würde jetzt gern das Thema wechseln. Ich merke, wie ich müde werde und wie ich denke, dass es unhöflich ist, wenn ich dich jetzt bitte, mit dem Reden aufzuhören oder das Thema zu wechseln. Doch, weißt du, ich mag dich und möchte ehrlich mit dir sein. Für mich ist Ehrlichkeit ein Ausdruck von Respekt, und ehrlich ist: ich würde gern das Thema wechseln.«

3. Oder: »Ich fühle mich gerade sehr unsicher. Ich wäre so gern der tolle Hecht und hätte gern, dass du von mir glaubst, dass ich alles weiß und alles kann. Ich glaube, dass du mich dann mögen würdest. Und wenn ich ehrlich bin, und das will ich, dann bin ich gerade unsicher.«

Sprich, wenn du dich ehrlich zeigen willst, nur von dir, zeig dich mit dem, was in dir lebendig ist. Am Ende hat alles, was dich stresst, damit zu tun, dass du gerade etwas nicht kannst oder nicht weißt. Das offen zuzugeben schafft Verbindung.

Vorwürfe an den anderen, dass er sich nicht so verhält, wie es dir guttun würde, schafft Trennung oder Distanz. Kannst du das nachvollziehen?

Vielleicht hältst du auch freundliche Sachen zurück, die du nicht so wichtig findest, oder denkst, dass du sie ja auch später noch aussprechen kannst. Wenn dir so etwas auffällt, könntest du auch dies transparent kommunizieren.

Beispiel:

1. »Ich mag/schätze/liebe an dir, wie du ... und das ist mir jetzt schon öfter aufgefallen. Ich habe mich schon mehrfach darüber gefreut, jedes Mal habe ich so ein warmes Gefühl im Bauch und möchte dich das jetzt endlich mal wissen lassen.«

Neulich habe ich einer Freundin gesagt, wie sehr ich ihre Arbeit schätze, und genau beschrieben, was mich daran interessiert und was mir das für mein Leben gibt. Eine so konkrete Rückmeldung von mir zu bekommen hat sie sehr berührt und uns näher zusammengebracht.

Wenn es mir auffällt, sage ich auch manchmal, dass das Lachen von jemandem mich ansteckt, oder mir das Kleid gefällt, das die Person trägt. Das sind wunderbare Gesprächsöffner, dabei habe ich nichts weiter getan, als offen das auszusprechen, was ich gerade in mir gespürt habe.

2. Woche

> *Deinen unaufrichtigen Ausdruck aufspüren*

Mache eine konkrete Situation in deinem Leben ausfindig, in der du dir nicht erlaubt hast, so zu sein, wie du gerade bist, mit dem da zu sein, was du gerade fühlst. In welchem Moment hast du etwas überspielt oder so getan, als wärest du nicht beeindruckt, nicht unsicher, nicht ängstlich, nicht hilfsbedürftig oder Ähnliches?

Situation:

....

....

Erlaube dir, mit dieser Situation vor Augen

1. zu spüren, wie anstrengend und ungemütlich es für dich war, dich zu verstecken. Und wie aussichtslos es auch war, das Denken oder die Meinung anderer Menschen kontrollieren oder manipulieren zu wollen. Die Menschen denken am Ende ja doch, was sie wollen. Vielleicht sieht es in einem Moment danach aus, als hättest du sie dazu gebracht, so über dich zu denken, wie du es gern hättest. Aber dann gehen sie in die Welt hinaus und bekommen weitere Informationen oder verfallen in ihre gewohnten Denkmuster und schon ändert sich ihre Meinung wieder und deine ganze Anstrengung war umsonst ...

Wie hat es sich in dieser Situation für dich angefühlt, dir nicht zu erlauben, so zu sein, wie du gerade bist?

....

....

2. Wer wärest du in dieser Situation gewesen, wenn du dich mit dem hättest zeigen können, was tatsächlich in dir vorging? Wenn du in dieser Situation daran geglaubt hättest, dass es dich mit dir und den anderen verbinden kann, wenn du dich aufrichtig mitteilst? Erlaube dir, die Situation mit diesem neuen Blickwinkel noch einmal zu sehen, zu erleben und zu fühlen. Denk noch nicht an mögliche Konsequenzen, sondern nur bis dorthin, wie du dich fühlst, wenn du dir erlaubst, so zu sein, wie du gerade bist.

....

....

Dann finde eine weitere konkrete Situation, in der du dir nicht erlaubt hast, so zu sein, wie du gerade bist:

....

....

1. Wie hat es sich in dieser Situation angefühlt, dir nicht zu erlauben, so zu sein, wie du gerade bist?

....

2. Wer wärest du in dieser Situation gewesen, wenn du dich mit dem hättest zeigen können, was tatsächlich in dir vorging?

....

3. Woche

Dürfen andere schlecht über dich denken?

Damit wir uns wohlfühlen können, während wir uns ehrlich zeigen, ist Mut hilfreich. Mut, ganz zu uns selbst zu stehen, ganz gleich, was andere Menschen (zum jetzigen Zeitpunkt) darüber denken.

Überprüfe in dieser Woche den Glaubenssatz: Andere sollten nicht schlecht über mich denken. Nimm dir dafür mindestens dreißig Minuten Zeit.

Suche dir dazu bitte eine konkrete Situation aus, in der du dir gewünscht hast, dass andere Menschen nicht schlecht über dich denken. Es sollten Menschen vorkommen, bei denen es dir schwerfällt, dich aufrichtig zu zeigen.

Sieh diese Situation noch einmal plastisch vor dir und erlaube dir, das dazugehörige Gefühl noch einmal lebendig werden zu lassen. Kannst du jetzt wahrnehmen, dass der Gedanke: Andere sollten nicht schlecht über mich denken in der Situation, die du vor Augen hast, nur ein Gedanke ist?

Und dann nimm dir Zeit, dir zu dieser Situation und diesem Glaubenssatz die vier Fragen der Work zu stellen. Du brauchst dich dafür nicht anzustrengen. Lehne dich eher zurück, öffne dich innerlich, so gut es gerade geht, und gib einer ehrlichen, authentischen Antwort die Chance, in dir aufzutauchen.

1. (In deiner Situation): Ist der Gedanke wahr? Dass andere nicht schlecht über dich denken sollten. (Ja/Nein)

....

2. Kannst du (in deiner Situation) hundertprozentig sicher sein, dass dieser Gedanke wahr ist? (Ja/Nein)

....

3. Wie reagierst du, was passiert,
   (in deiner Situation) wenn du diesen Gedanken glaubst?

....

....

....

Wie fühlt sich das an?

....

4. Wer wärest du (in deiner Situation) ohne den Gedanken?

....

....

....

Lass dir Zeit für deine Antworten und achte darauf, dass du genau bei den Fragen bleibst. Wenn du abweichst, dich erklärst oder rechtfertigst, hört The Work auf zu funktionieren.

Und nun bilde ein Gegenteil (eine Umkehrung) zu deinem stressigen Gedanken und finde jeweils drei konkrete Beispiele, warum dieses Gegenteil in deiner Situation auch wahr sein könnte. Diese Arbeit erfordert Kontemplation. Lass dir Zeit, streng dich nicht zu sehr an und gib jeder Umkehrung eine Chance.

Glaubenssatz: Andere sollten nicht schlecht über mich denken.

Umkehrung zu mir:
Ich sollte nicht schlecht über mich denken. **(in deiner Situation)**

Beispiel 1:

Beispiel 2:

Beispiel 3:

Umkehrung von mir zum anderen:
Ich sollte nicht schlecht *über andere* denken. (in deiner Situation)

Beispiel 1:

....

....

Beispiel 2:

....

....

Beispiel 3:

....

....

Umkehrung ins einfache Gegenteil:
Andere sollten schlecht über mich denken.
(in deiner Situation)

Beispiel 1:

....

....

Beispiel 2:

....

....

Beispiel 3:

....

....

Umkehrung in das äußerste Gegenteil:
Andere sollten immer furchtbar schlecht über mich denken.(in deiner Situation)
(Oder schau, was dein persönliches äußerstes Gegenteil wäre.)

Beispiel 1:

....

....

Beispiel 2:

....

....

Beispiel 3:

....

....

Möchtest du diese Work ausführlicher machen oder mehr Informationen zu der Methode bekommen, dann gehe zu dem Extrateil zu The Work von Byron Katie (siehe Seite 96).

Tipp für den Alltag: Nimm wahr, wie oft du dir von anderen Menschen wünschst, dass sie nicht schlecht über dich denken. Stell dir immer, wenn du diesen Wunsch bemerkst vor, du könntest diese Menschen frei lassen. Wie wäre das? Sie dürften denken, was sie denken, und sagen, was sie sagen (das tun sie ja sowieso). Und du würdest dich nur um deine Angelegenheit kümmern, also nur um das, was du über dich denkst und um das, was du über die anderen denkst. Wie wäre das?

Prüfe, was dir wichtiger ist:
a) Wie andere über dich denken.
oder
b) Wie du über dich denkst/über andere denkst.

4. Woche

Dein Leben aufräumen

Wie oft habe ich früher gedacht, dass ich so, wie ich bin, nicht genüge, dass ich es anderen recht machen oder auf eine bestimmte Weise wirken muss. Ein paarmal bin ich Menschen begegnet, die den Mund vor Erstaunen weit aufgerissen haben, wenn sie erfuhren, dass ich über etwas Bestimmtes nicht Bescheid wusste. »Waaas – das kennst du nicht??« Ich glaubte dann immer, eine gewisse Geringschätzung in ihrem Gesichtsausdruck zu erkennen. Daher habe ich angefangen, mich vorsätzlich zu verstellen, um clever und wissend zu wirken, habe zum Beispiel nur leicht genickt (das ist ja nicht so schlimm gelogen) oder so getan, als würde ich in meiner Erinnerung kramen, um dann festzustellen: Ja, kenne ich. So hätte ich mich ja auch noch geirrt haben können, weil ich nicht als unsicher oder ungebildet wahrgenommen werden wollte. Es hätte eine Verwechslung vorliegen können oder Ähnliches. Und jedes Mal, wenn ich so getan habe als ob, habe ich:

- mich nicht wohlgefühlt, weil ich mich diesem Diktat, alles wissen zu müssen, unterworfen hatte.
- mich verleugnet.
- mich dem anderen nicht ehrlich geöffnet, sondern zu dem beigetragen, was ich in unserer Gesellschaft selbst nicht mag: Man lässt sich nicht in die Karten gucken und spürt keine Verbundenheit.

Wann in deinem Leben warst du nicht aufrichtig? Finde ein konkretes Beispiel, wo du im Kontakt mit einer anderen Person versucht hast, »besser« oder auf eine ganz bestimmte Weise dazustehen. Was war dein Motiv?

Möchtest du ein Experiment machen und herausfinden, wie es sich anfühlt, in so einer unaufgeräumten Ecke deines Lebens Ordnung zu schaffen? Die Momente, in denen du nicht aufrichtig warst, dürfen Kleinigkeiten sein. Ich gebe dir hier eine Möglichkeit an die Hand, mit der du lernen kannst, dich aufrichtig zu zeigen.

Beispiel:

Vor vielen Jahren war ich Teilnehmerin in Byron Katies »School of the Work« und habe dort jemanden durch den Prozess der Work begleitet, der heute auch Coach ist (nein, ich sage nicht, wer es ist). Drei Jahre später auf einem Event kam er zu mir und sagte: »Ina, erinnerst du dich noch an unsere Work bei Katies School?« Ich nickte. »Ich möchte dir sagen: Ich habe dich angelogen. Ich habe damals so getan, als hätte ich gar keine Probleme und habe dir falsche Antworten gegeben. Ich fand dich einfach so toll und wollte dir gefallen. Ich schätze dich und möchte mich dir deshalb jetzt aufrichtig zeigen. Außerdem möchte ich nicht weiter mit solchen Lügen herumlaufen.«

Diese schonungslos ehrliche Art hat mich damals sehr beeindruckt und berührt. Und sie hat mich dazu animiert, mich selbst anderen Menschen auch mit meinen »unaufgeräumten Ecken« zu zeigen. Das Leben ist so viel leichter geworden, seit ich diese Geheimnisse nicht mehr mit mir herumtragen muss. Du kannst das auch!

Falls du eine Schablone (aus dem obigen Beispiel) zu Hilfe nehmen möchtest:

1. Die vergangene Situation erzählen: »Weißt du noch, als wir vor drei Jahren in der School miteinander geworkt haben?«

2. Wie warst du da nicht aufrichtig?: »Da habe ich so getan, als hätte ich keine Probleme, ich habe falsche Antworten gegeben.«

3. Was war dein Motiv? »Gefallen.«

4. Dein freundliches Motiv jetzt: »Ich schätze dich und habe gemerkt, dass ich manchmal noch an diese Unaufrichtigkeit von damals denken muss, und dass ich jetzt bereit bin, mich dir ehrlich zu zeigen.«

Resümee

4. Monat

Deine Erfahrungen:

....

....

....

....

....

Deine Erkenntnisse:

....

....

....

....

....

Welche Übung hat dir besonders gut gefallen?

....

....

....

....

Was war dir neu?

....

....

....

....

....

Was möchtest du weiter üben und wie?

....

....

....

....

....

Was konntest du loslassen?

....

....

....

....

....

5. Monat

Deine Sinne öffnen — der Grübelstopp

Verbringst du viel Zeit des Tages mit Grübeln? Auch, wenn es gerade gar nichts gibt, worüber du intensiv nachdenken müsstest? Oft geschieht das Denken auch einfach so, als Automatismus. Ich bin auf dem Weg zum Bus, und anstatt die Bäume zu sehen, die Vögel zu hören oder zu spüren, dass meine Füße festen Boden berühren, bin ich mit meiner Aufmerksamkeit ausschließlich im Kopf. Ich bekomme gar nicht mit, was in mir und um mich herum geschieht. Beobachte ich die Gedanken, die in solchen Momenten auftauchen, stelle ich meist fest: das sind keine Themen, mit denen ich mich gerade beschäftigen muss. Es gibt keinen Grund, mich mit diesem Thema jetzt in einem Nachdenkprozess zu befinden. Oft sind es auch sich wiederholende Gedanken, die ich schon kenne. Noch ein Grund weniger, mich jetzt damit zu beschäftigen und dafür das Leben zu verpassen, das sich gerade in mir und um mich herum abspielt. In so einem Nachdenkmodus fühle ich mich nicht so lebendig wie in einem sinnlichen Modus.

Meine Sinne eröffnen mir einen reichhaltigen Kosmos, den mir das Nachdenken nicht bieten kann. Öffne ich mich für die Wahrnehmung durch meine Sinneskanäle, bin ich immer im Jetzt, wo das Leben wirklich stattfindet. Verbringe ich jedoch einen Großteil meines Lebens nur in meinem Kopf, befinde ich mich in Geschichten aus der Vergangenheit (ist nicht mehr da) oder Zukunft (ist noch nicht da).

Was würdest du, aus dem Bauch heraus, schätzen: Wie viel Zeit deines Tages verbringst du damit, über die Vergangenheit oder die Zukunft nachzudenken?

.... Prozent des Tages

Und wie viel Zeit des Tages verbringst du in einer sinnlichen Wahrnehmung deiner selbst oder deiner Umgebung?

.... Prozent des Tages

Wie fühlt sich diese Verteilung für dich an?

....

....

In der Schule habe ich gelernt, die Bäume im Park bestimmen zu können. Wie heißt der Baum, welche Früchte trägt er, wie groß wird er, wie lange lebt er – das mag hilfreiches Wissen sein. Heute gehe ich in den Park, begrüße die Bäume als Lebewesen, als meinesgleichen. Ich berühre ihre Blätter, verbringe Zeit mit ihnen. Ich nehme ihren Geruch wahr, stelle mir vor, wie tief die Wurzeln gehen und wie sie sich nach oben strecken, dem Licht entgegen. Ich spüre, dass sie, so wie ich, schon eine Weile auf diesem Planeten sind. Ich sehe, dass Vögel sich auf ihnen niedersetzen, sich Nester bauen, dort Junge bekommen. Ich kann wahrnehmen, dass meine eigenen Säfte zu fließen beginnen, wenn ich im Wald bin, dass ich tiefer atme, mich wohlfühle. Ich sehe, wie das Licht durch Baumlücken auf das Moos fällt, und höre das Blätterrauschen, das mir ein Lied singt, wenn ich bereit bin zu lauschen. Öffne ich meine Sinne, fühle ich mich mehrdimensional und mit dem Leben verbunden. In einem sinnlichen Modus kann ich mich und alles, was mich umgibt, auf mehreren Ebenen erfassen. Ich lebe bereits in einer Fülle, für die ich nichts mehr tun muss – es genügt, sie wahrzunehmen.

Was du in diesem Monat loslassen kannst:

- die zwanghafte, unpraktische Anhaftung an übermäßiges Nachdenken und Grübeln.
- das Gefühl, alles unter Kontrolle bringen zu müssen.
- ein schales, farbloses Leben.
- das Gefühl, von der Welt getrennt zu sein.

1. Woche

Einen denkfreien Raum schaffen

Frage dich in dieser Woche immer wieder: Wer wäre ich (jetzt hier gerade) ohne meine Gedanken? Ohne Nachdenken? Wenn ich auftauchenden Gedanken nicht folgen würde?
Warte in Ruhe auf eine Antwort. Oft kommt sie nicht in Worten, eher als eine körperlich wahrnehmbare Belebung, ein Lebensgefühl.

Hirnforscher haben herausgefunden, das pro Tag 60 000 bis 80 000 Gedanken in unserem Verstand auftauchen. Sehr häufig sind das immer wieder dieselben Gedanken. Ja, das kennst du vielleicht von dir selbst, oft bewegen wir uns in richtigen Grübelschleifen, die ziemlich unproduktiv sind. Wer wärest du heute, wenn du dem automatisierten Prozess des »Über-etwas-Nachdenkens« nicht nachgeben würdest?
Stattdessen kannst du die Gedanken beobachten, wenn sie kommen, so wie du beobachten kannst, dass auf der Straße Autos fahren oder wie du bemerken kannst, dass Wind weht. Und du kannst dich entscheiden, ob du in die Grübelschleife einsteigen willst, oder dich lieber wieder der Erfahrung durch deine Sinne zuwendest.

Wenn du dir die Wochenfrage stellst, dann spüre, ob du eine Vorstellung hast, was nach dem Stellen deiner Frage passieren soll. Willst du dich auf eine bestimmte Weise fühlen? Soll sich ein bestimmter Raum öffnen? Hast du eine Erwartung, und sei sie noch so klein? Entdeckst du solch eine Vorstellung (oder, wie wir beim Worken sagen, so ein Motiv) dann nimm das einfach zur Kenntnis und schau, ob du dich frisch und neu für eine Antwort öffnen kannst, die du noch nicht kennst. Welche Antwort taucht von selbst auf, wenn du die Frage ohne Erwartungen stellst und sie geduldig in dich hineinfallen lässt?

Meist zeigt sich eine Antwort zunächst nur für ein paar Sekunden. Erlaube dir, einfach wahrzunehmen, was nach dem Stellen deiner Frage geschieht. Was geschieht in diesem Augenblick, wenn du dich fragst: Wer wäre ich jetzt gerade, wenn ich nicht meinen Gedanken folgen würde? Lass dir Zeit, die Antwort zu erleben. Wenn du magst, notiere dir hinterher, was du erlebt hast.

Diese Übung kannst du auch über den gesamten Monat machen. Zu Beginn öffnet sich der gedankenfreie Raum nur ein paar Sekunden. Für mich sind diese Sekunden immer wie ein Kurzurlaub, den ich vom Denken nehme.

Wenn du kannst, experimentiere damit, das Nachdenken in Teilen deines Lebens geradezu zu verweigern. Wer bist du, wenn du nicht über alles nachdenkst, die Dinge innerlich nicht ausdiskutierst und versuchst, über das Denken eine Lösung zu finden?

Sollte in dir Widerstand gegen die Übung auftauchen, könntest du herausfinden, was für ein Glaubenssatz dahintersteht und ihn mit The Work überprüfen (siehe Seite 96).

2. Woche

Destruktiven Gedanken nicht so viel Raum geben

Um automatisch auftauchenden, destruktiven Gedankenmustern nicht so viel Raum zu lassen, kannst du, sobald du sie bemerkst, dein Denken auf Gedanken umlenken, die dir schon genützt haben.

Nimm dir einen Moment Zeit und atme einmal tief ein und aus. Vielleicht tut es dir auch gut, einmal zu seufzen. Welche hilfreichen Gedanken hast du in deinem Leben schon gedacht? Welche Gedanken haben dich schon unterstützt, dir geholfen, dich gut zu fühlen oder deinen zu Horizont erweitern?

Meine Lieblinge sind:

- Ich bin frei.
- Ich muss gar nichts.
- Alles darf so sein, wie es gerade ist/Nichts muss anders sein.

Vielleicht hast du auch in deinen Überprüfungen stressiger Glaubenssätze mit The Work Antworten gefunden, die dir inneren Raum geschenkt haben, eine Offenheit deines Herzens oder einfach ein gutes Gefühl:

....

....

....

....

....

....

....

Du kannst auch hier in deinem Arbeitsbuch zurückblättern und schauen, welche Notizen du dir gemacht hast, und welche Gedanken davon sich bereichernd, erleichternd, befreiend anfühlen.

Und dann erinnere dich am heutigen Tag immer mal wieder an diesen Gedanken. Besonders dann, wenn deine automatisierten Denkgewohnheiten dich in stressige Denkprozesse hineinziehen wollen, die im Moment keinen praktischen Nutzen für dich haben. Vielleicht hilft es dir, den Gedanken auf Klebezettel zu schreiben und an verschiedenen Stellen in deiner Wohnung anzubringen. Vielleicht aktivierst du eine Erinnerungsfunktion in deinem Smartphone. So oder so, finde Mittel und Wege, dem freundlichen Gedanken Raum zu geben, ihn sich in dir ausbreiten zu lassen, und erlaube dir, seine Wirkung in deinem Körper zu fühlen.

Nimm dir am Ende des Tages Zeit für eine kurze Reflektion: Wie war es für dich, diesen Tag mit dem unterstützenden Gedanken zu verbringen?

Schau morgen und die restlichen Tage der Woche frisch und neu, mit welchem Gedanken du den Tag hauptsächlich verbringen möchtest.

3. Woche

Die Wahrnehmung öffnen

Die Übung in dieser Woche ist eine Variante der ersten Woche:

Frage dich (du kannst sofort mitmachen): Was kann ich jetzt wahrnehmen, wenn ich darauf achte, was meine Sinne gerade erfassen? Ohne dich dafür anzustrengen: Wie öffnet sich dein Wahrnehmungsfeld? Was hast du vorher, als deine Aufmerksamkeit zu großen Teilen nur im Denken gebunden war, überhaupt nicht bemerkt?

Was kann ich tasten?

Was kann ich in meinem Körper spüren?

Was kann ich sehen?

....
....
....

Was kann ich schmecken?

....
....
....

Was kann ich hören?

....
....
....

Was kann ich riechen?

....
....
....

Lass dir Zeit, aus diesen Sinneseindrücken eine wirkliche Erfahrung werden zu lassen, die sich deinem Nervensystem, deinem Immunsystem und allen Zellen einprägt.

Kannst du in deinem Alltag bewusst bemerken, wenn deine Gewohnheit des Nachdenkens über etwas anspringt? Kannst du dich freundlich in den sinnlichen Modus zurückholen, falls das Nachdenken gerade keinen praktischen Nutzen hat?
Wenn du zum Beispiel an einem Tisch sitzt – statt dich zu fragen, aus welchem Material er wohl gemacht ist, wie das genau heißt, wo er gekauft wurde und was er wohl gekostet hat, könntest du einfach einen Moment mit dem Tisch sein, so wie er ist, und ihn mit allen deinen Sinnen erfassen. Wie sieht der Tisch genau aus, welche Form und Farbe und Größe hat er? Wie fühlt sich seine Oberfläche an? Ist er warm oder kalt? Wie riecht er? Wie klingt es, wenn du mit der Hand darüberfährst oder darauf klopfst? Strenge dich auch dafür nicht an. Es geht um eine mühelose Öffnung deiner Sinne. Nur so weit, wie es entspannt möglich ist. Es kann eher ein neugieriges Erforschen sein.

4. Woche

Deine Sinne für die Liebe öffnen

Um Liebe zu spüren, bist du nicht davon abhängig, den passenden Partner zu haben, oder dass dein Partner dir immer die Liebe gibt, nach der du dich sehnst. Ja, Liebe muss überhaupt nicht immer mit Menschen zu tun haben. Sie kann von überall herkommen, ebenso wie Sinnlichkeit. Du kannst dich darauf ausrichten, dich mit allem verbunden und lebendig zu fühlen (ganz gleich, was andere machen).

In dieser 4. Woche möchte ich dir dafür eine wunderbare Übung vorstellen, die viele Menschen in meinen Seminaren als geradezu überwältigend empfunden haben. Viele haben diese Übung länger als eine Woche gemacht und sehen sie als ein Werkzeug, dass ihnen sofortigen Zugang zu einem Gefühl von Glück und Verbundenheit beschert.

Geliebte/r sagen

Gehe aufmerksam durch deinen Tag und nimm wahr, welche Gegenstände oder Lebewesen dir begegnen. Betrachte sie mit offenen Sinnen, also ohne sie zu analysieren oder zu klassifizieren und sage: »Geliebte/r« zu dem jeweiligen Ding, dass du vor dir hast. Schau, ob du dieser Materie begegnen kannst, wie du einem geliebten Wesen begegnen würdest. Nimm wahr, was in dir auftaucht, wenn du »Geliebte/r« sagst. Du kannst alle Dinge dafür verwenden, auf die du triffst. Wähle nicht vorher schon die »schönen« Dinge aus. Ich habe schon zu Haltestangen in der S-Bahn, zu dreckigen Schuhen und zu lärmenden Geräuschen »Geliebter« gesagt.

Nimm wahr, wie du dich den Dingen und der Welt zuwendest, wenn du zu allem, was dir begegnet, »Geliebte/r« sagst. Wie fühlt es sich an, in einer Liebesbeziehung mit der Welt zu sein? In einer Liebesbeziehung mit dem Leben?
Und auch hier: Erwarte keine bestimmten Gefühle, sondern lass dich über-raschen, was auftaucht, wenn du das Ding, dass du vor dir hast, als Gelieb-ten betrachtest.

Diese Übung dient auch dazu, alles was dich umgibt, nicht als selbstver-ständlich anzusehen, sondern wertzu-schätzen, dass es da ist und dass du bereits in so einer Fülle lebst.

Zu wem oder was hast du heute »Geliebte/r« gesagt?

....

Wie hat es sich angefühlt?

....

Zu wem oder was hast du heute »Geliebte/r« gesagt?

....

Wie hat es sich angefühlt?

....

Zu wem oder was hast du heute »Geliebte/r« gesagt?

....

Wie hat es sich angefühlt?

....

Resümee

5. Monat

Deine Erfahrungen:

....
....
....
....
....

Deine Erkenntnisse:

....
....
....
....
....

Welche Übung hat dir besonders gut gefallen?

....
....
....
....
....

Was war dir neu?

....

....

....

....

....

Was möchtest du weiter üben und wie?

....

....

....

....

....

Was konntest du loslassen?

....

....

....

....

....

6. Monat

In deiner Angelegenheit bleiben

Viel Stress kommt daher, dass ich mich gedanklich zu anderen Menschen hinüber bewege und über sie nachdenke. Was andere Menschen sollten, was für sie besser wäre, und was sie tun müssten, damit es mir und ihnen besser ginge. Auch wenn ich dem anderen meine Ansichten nicht mitteile, wird es in unserem Kontakt doch spürbar werden. Ich mische mich in die Angelegenheit des anderen ein, wenn auch nur gedanklich.

Aus meiner Sicht gibt es drei klare Nachteile, wenn du dich in den Angelegenheiten anderer Menschen befindest:

1. Nachteil: Du bist mit deiner Aufmerksamkeit nicht bei dir. Oft ist dies der Moment, wo du dich allein, verlassen oder unwohl fühlst, denn bei dir ist niemand zu Hause. Du bist mit deinen Gedanken, deiner Energie und deinem Fokus nicht bei Dingen, die dein Leben betreffen. Du kümmerst dich nicht um *dein* Wohlergehen, um *deine* Gesundheit, *dein* Business, *deine* Interessen, *deine* Weiterbildung etc.

2. Nachteil: Bist du gedanklich (oder mit Taten) in der Angelegenheit eines anderen Menschen, betrittst du sein Hoheitsgebiet, sein Territorium. Das ist eine Einmischung. Und selbst, wenn du

Was du in diesem Monat loslassen kannst:

- das Mitdenken für andere Menschen.
- das Überschreiten der Grenzen anderer Menschen.
- einen Mangel an Zeit. (Denn es wird viel Zeit frei, wenn du nicht mehr über andere nachdenkst.)

diese Gedanken nie aussprichst, wird es sich respektlos anfühlen zu glauben, dass du besser weißt, wie der andere sein Leben leben sollte. Kannst du wirklich sicher sein, dass deine Ideen, Vorschläge, Anmerkungen, Meinungen für das Leben des anderen Menschen besser wären? Es kann gut sein, dass dieser andere Mensch, auch wenn du deine Ideen nur im Stillen glaubst, spürt, dass etwas Trennendes zwischen euch steht, dass du ihn nicht so nehmen kannst, wie er ist.

3. Nachteil: Was der andere denkt, sagt, tut oder lässt, liegt nicht in deiner Hand. Manchmal tut er vielleicht, was du willst, weil er es dir recht machen möchte. Doch letztlich ist es immer seine Entscheidung, was er tut oder lässt. Willst du etwas vom anderen, was nicht in deiner Hand liegt, kann das mit einer Gefühlsmischung aus Hilflosigkeit und Wut verbunden sein. Du willst etwas, worauf du aber keinen entscheidenden Einfluss hast.

Wenn du zum Beispiel willst, dass dein Partner dir zuhört, und er will oder kann das gerade nicht, dann kannst du dich auf den Kopf stellen, und er wird es dennoch nicht tun. Es liegt nicht in deiner Hand, was andere Menschen tun, oder nur sehr bedingt.

1. Woche

Wahrnehmen, dass deine Gedanken nicht bei dir sind

Um in deinen Angelegenheiten bleiben zu können, ist es hilfreich, erst einmal wahrzunehmen, wann du gedanklich die Angelegenheiten anderer Menschen betrittst.

Bitte schätze mal, ohne groß nachzudenken, wie viel Zeit des Tages du dich gedanklich in den Angelegenheiten anderer Menschen befindest. Wie oft denkst du über Beweggründe von anderen nach oder hast Verbesserungsvorschläge, Ideen und Tipps, was sie mal besser tun oder lassen sollten?

.... Prozent des Tages

Wenn ich das in meinen Seminaren frage, liegt die Antwort im Durchschnitt bei 80 Prozent.
Wie hoch auch immer deine Schätzung ist – kannst du wahrnehmen, wie es sich anfühlt, in den Angelegenheiten anderer Menschen zu sein statt bei dir selbst? Wie ist es, wenn du meinst, besser zu wissen, was für dein Gegenüber gut ist, als er oder sie selbst? Nimm in dieser Woche wahr, wann immer deine Gedanken zu jemand anderem wandern. Nimm wahr, wie es sich anfühlt, darüber nachzudenken, was der/die andere tun oder lassen sollte, wie er/sie sein Leben leben sollte, was er/sie denken sollte und wie.

Wenn du ein paar Tage aufmerksam wahrgenommen hast, dass du gedanklich in die Angelegenheiten anderer Menschen gehst:

Wie fühlt es sich für dich an, mit deiner Aufmerksamkeit nicht bei dir zu sein?

....

....

Wie fühlt es sich für dich an, das Hoheitsgebiet anderer Menschen zu betreten?

....

....

Wie fühlt es sich für dich an, etwas zu wollen, das nicht in deiner Macht liegt?

....

....

Übrigens: Wenn du über bestimmte Dinge, die jemand gesagt oder getan hat, ins Grübeln gerätst, wie er/sie das gemeint haben könnte, mach es dir leicht: Solche Unklarheiten kannst du fast immer ausräumen, indem du den anderen bittest, sich genauer zu erklären, (siehe 2. Monat ab Seite 24).
Heutzutage greife ich, wenn ich etwas wissen möchte, worüber ich allein nur spekulieren kann, direkt zum Telefon oder schreibe eine E-Mail und frage nach. Ganz einfach.

2. Woche

Dein Trickkästchen erforschen

Wir alle haben uns im Laufe unseres Lebens ein kleines Trickkästchen zugelegt, das lauter Methoden enthält, die wir anwenden, wenn wir nicht bekommen, was wir von anderen Menschen möchten. Diese Woche kannst du dir dein Trickkästchen ins Bewusstsein holen. Mit welchen Mitteln versuchst du, doch noch zu bekommen, was du willst, auch wenn der andere dir zu verstehen gegeben hat, dass er/sie das nicht möchte?

Die gängigsten Mittel, die ich aus meinem Leben kenne, sind:

- Ich ziehe mich zurück, bin verletzt (und warte, bis der andere wieder auf mich zukommt), vielleicht werde ich sogar krank.
- Ich werde ganz traurig. So lange, bis der andere merkt, was er da angerichtet hat.
- Ich diskutiere und versuche, den anderen mit guten Argumenten umzustimmen.
- Ich werde ärgerlich, schimpfe, werte den anderen ab.
- Ich »revanchiere« mich. »Dann höre ich dir auch nicht zu, wenn es dir mal wichtig sein sollte. Du wirst schon sehen, wie das ist.«
- Ich drohe Konsequenzen an, erkläre alles für sinnlos oder stelle das große Ganze infrage.
- Ich frage demonstrativ jemand anderen. »Na, du wolltest ja nicht!«
- Ich werte mich ab: »Ich bin es eben nicht wert /zu blöd. Ich kriege halt nicht, was ich will.«
- Ich schmeichle dem anderen, um ihn damit weichzukochen.
- Ich schmolle.

Fallen dir weitere Verhaltensmuster ein, die du von dir oder anderen kennst?

....

....

....

....

....

....

Hast du dich in einem der links genannten Muster wiedererkannt, oder ist dir eingefallen, was du ansonsten tust, wenn du nicht bekommst, was du willst, in der Hoffnung, dass du es dann doch kriegst? Wie sieht dein Muster aus? Wie reagierst du, wenn du nicht bekommst, was du möchtest?

Dein Muster:

....

....

....

....

....

....

Finde eine konkrete Situation, in der du nach diesem Muster gehandelt hast:

Wie hat sich dein Muster in dieser Situation gezeigt?

Wie hat sich das angefühlt?

Stell dir vor, du hättest in dieser Situation in deiner Angelegenheit bleiben können, dort, wo du wirklich etwas tun kannst, anstatt weiterhin vom anderen zu wollen, dass er/sie dein Bedürfnis befriedigt.
Wie hätte das ausgesehen:

Wie hätte sich dieselbe Situation angefühlt, wenn du in deiner Angelegenheit geblieben wärst?

Wenn du deine üblichen Verhaltensmuster klar erkannt hast, fallen sie dir im Alltag schneller auf und du kannst unmittelbar in deine eigene Angelegenheit zurückkehren, mit dem Grübeln aufhören und dich mit dir selbst und deinem Leben stark verbunden fühlen.

Sollte in dir das Bedürfnis auftauchen, auch hier deine unaufgeräumte Ecke zu säubern, kannst du dich dem Menschen, den du zu manipulieren versucht hast, jetzt offen und ehrlich zeigen (siehe 4. Monat ab Seite 52)
Erzähle ihm/ihr, dass du dich mit dieser Sache in seine/ihre Angelegenhei-

ten eingemischt hast und wie das für dich gewesen ist. Wenn es sich stimmig anfühlt, kannst du auch um Entschuldigung bitten, weil du geglaubt hast, es besser zu wissen, oder du den anderen manipulieren wolltest.

Vermutlich hast du beim Nachdenken nicht nur *ein* Werkzeug in deinem Manipulations-Trickkästchen gefunden, nicht nur *eine* Strategie, mit der du für gewöhnlich versuchst zu bekommen, was du willst.

Kannst du noch ein Beispiel für ein zweites Muster finden? Wie reagierst du, wenn du nicht bekommst, was du möchtest?

Mein Muster:

....

....

....

....

....

Dann finde dazu eine konkrete Situation, in der du nach diesem Muster gehandelt hast:

Beispiel/Situation:

....

....

....

....

....

Wie hat sich das angefühlt?

Und mal angenommen, du hättest in dieser Situation in deiner Angelegenheit bleiben können, dort, wo du wirklich etwas tun kannst, anstatt weiter vom anderen zu wollen, dass er/sie dein Bedürfnis befriedigt. Wie hätte das ausgesehen:

Wie hätte sich dieselbe Situation angefühlt, wenn du in deiner Angelegenheit geblieben wärst?

3. Woche

In deine Angelegenheiten kommen

Achte in deinem Alltag darauf, wann du dich gedanklich oder tatsächlich in den Angelegenheiten anderer Menschen befindest. Erlaube dir zu fühlen, wie sich das anfühlt, und dann frage dich:

Wie kann ich in dieser Sache in meine Angelegenheit kommen?

Du bist immer dann in deiner Angelegenheit, wenn du tatsächlich etwas tun kannst. Mal angenommen, du denkst: Ich möchte mich am Kopf kratzen. Das ist im Normalfall deine Angelegenheit und du kannst das auch tun. Wenn du aber gerade zwei Gipsarme hast, dann geht das nicht. Das heißt: Wenn ein Satz mit »Ich« beginnt, bedeutet das nicht automatisch, dass du dich mit dieser Sache in deiner Angelegenheit befindest. Um in deine Angelegenheit zu kommen, ist es hilfreich zu fragen: Kann ich hier tatsächlich etwas tun? Und wenn ja, was könnte das sein? Wie oder auf welche Art könnte ich es tun?

Ein paar Beispiele:

In der Bahn sind drei Jungs sehr laut. Ich bitte sie, leiser zu sein. Sie sind ein paar Sekunden leiser, dann sind sie wieder so laut wie vorher. Ich möchte es leiser haben. Kann ich sie zwingen, leiser zu sein? Will ich das? Nein. Meine Angelegenheit: Ich gehe und suche mir einen anderen Platz (ohne erst zu warten, bis ich stinksauer bin).

Ich bin enttäuscht von den Politikern, weil sie in bestimmten Fragen nicht konsequent handeln. Doch: Wie sie handeln, ist ihre Angelegenheit. Meine Angelegenheit: Wenn ich will, dass etwas getan wird, kann ich selbst aktiv werden, indem ich mich bei

Amnesty International, Campact, Greenpeace oder ähnlichen Organisationen anmelde, Petitionen unterschreibe, spende oder Ähnliches. (Anstatt mich am Stammtisch aufzuregen, was nichts verändert.)

Wenn ich möchte, dass mein Partner mir zuhört und der will/kann das gerade nicht, kann ich feststellen, welchen Unmut es in mir auslöst, falls ich an meinem Wunsch festhalte. Ich verstärke meinen Unmut noch, wenn ich mir selbst Sätze sage wie: Ja, was soll das denn für eine Beziehung sein, wenn er mir noch nicht einmal zuhören kann, wozu habe ich denn eine Beziehung etc.

Meine Angelegenheit: Ich kann meinen Partner fragen, wann er für mich ein offenes Ohr haben wird, oder ich kann in mich hineinspüren, wem ich diese Sache noch erzählen würde, und diejenigen bitten, mir zuzuhören. Habe ich zehn Leute gefragt und keiner will oder kann, höre ich mir selbst zu. Zum Beispiel, indem ich die Erlauben-Meditation aus dem 1. Monat mache.

Wann und wo in deinem Alltag hast du dir angewöhnt, gedanklich in den Angelegenheiten anderer Leute zu sein (in denen deiner Eltern/Kollegen/ Freunde/der Politiker/deines Partner etc.)?

Wie könntest du in dieser Woche (und darüber hinaus) mit diesen Menschen im Kontakt sein oder an sie denken und dabei in deiner Angelegenheit bleiben? Und wie würde sich das anfühlen?

4. Woche

Klarheit: Was ist überhaupt deine Angelegenheit?

Nicht nur das Ausmisten von dem, was *nicht* deine Angelegenheit ist, bringt Klarheit. Auch das Wissen darum, was du wirklich als deine Angelegenheit ansiehst, macht dein Leben einfacher. Was ist denn wirklich deine Angelegenheit? Wenn die Welt so ist, wie sie ist. Wenn dein Partner so ist, wie er ist, deine Finanzen, deine Gesundheit, deine Familie, der gesamtgesellschaftliche Zustand so sind, wie sie sind – was ist dann das, was du tun und sein möchtest und vor allem tun und sein kannst?

Beispiele von mir:
Seit ich grundsätzlich verstanden habe, dass es immer die Angelegenheit des anderen ist, was er/sie sagt, denkt, tut und fühlt, und meine Angelegenheit ist, wie und ob ich darauf reagiere, ist mir vieles klargeworden. Ich kümmere mich darum, mein Leben zu gestalten. Nur weil jemand ärgerlich ist, muss ich nicht auch ärgerlich werden. Nur weil jemand mich ablehnt, muss ich denjenigen nicht auch doof finden.
Konkret heißt das, ich sehe es als meine Angelegenheit an:

- einen Weg zu finden, den Dingen, Beschäftigungen, Menschen zu folgen, die sich für mich stimmig anfühlen, meine Neugier wecken und mich inspirieren.
- mich vom Leben leben zu lassen, mich hinzugeben.
- dem Leben zu erlauben, durch mich hindurch etwas zu kreieren. Ich frage mich manchmal: Was will das Leben durch mich erschaffen?
- belastende Überzeugungen zu überprüfen (ich mache das am liebsten mit The Work) und meine mich befreiende Wahrheit zu dem Thema zu finden.

Was betrachtest du als deine Angelegenheit? Wofür kannst du in deinem Leben wirklich sorgen, was kannst und willst du wirklich tun?
(Beachte, dass es nur deine Angelegenheit ist, wenn es von anderen Menschen nichts fordert und wenn du es auch tatsächlich tun kannst.)

In Seminaren wird oft eingewendet: »Ja, aber für meine Kinder muss ich doch mitdenken und Entscheidungen treffen. In deren Angelegenheiten muss ich mich doch befinden, oder nicht?«

In meinem Buch *Ich will mich ja selbst lieben – aber muss ich mich dafür ändern?* habe ich ein ausführliches Kapitel dazu geschrieben. Deshalb hier nur so viel: Ich habe, als meine Tochter klein war, alle Tätigkeiten, bei denen ich mich wie ein Sklaventreiber gefühlt habe, daraufhin überprüft, ob es wirklich ganz sicher meine Angelegenheit ist, oder ob ich sie an dieser Stelle eine nützliche Erfahrung machen lassen kann. Ich kann mit Fug und Recht behaupten: Das hat sich gelohnt!

Resümee

6. Monat

Deine Erfahrungen:

....

....

....

....

....

Deine Erkenntnisse:

....

....

....

....

....

Welche Übung hat dir besonders gut gefallen?

....

....

....

....

....

Was war dir neu?

....
....
....
....
....

Was möchtest du weiter üben und wie?

....
....
....
....
....

Was konntest du loslassen?

....
....
....
....
....

Was ist The Work?

Eine Einführung

»The Work von Byron Katie ist ein großer Segen für unseren Planeten. Die Ursache, die all unserem Leiden zugrunde liegt, ist unsere Identifikation mit unseren Gedanken, den ›Geschichten‹, die andauernd in unserem Verstand kreisen. The Work wirkt wie ein rasierklingenscharfes Schwert, das diese Illusion durchtrennt und uns ermöglicht, die zeitlose Essenz unseres Wesens zu erfahren. Nun können Freude, Friede und Liebe unserem natürlichen Zustand entströmen.« **Eckhart Tolle**

Ich liebe die Arbeit mit den Fragen der Work. Die Methode von Byron Katie, der Begründerin der Work (siehe auch: thework.com) ist einfach zu überblicken, und jeder, dessen Verstand sich für die Fragen öffnen kann, ist in der Lage, damit zu arbeiten. Die vier Fragen und die Umkehrungen führen uns direkt zur Ursache, warum wir leiden.
In den zwanzig Jahren, die ich jetzt schon mit The Work arbeite, habe ich Elemente der Verhaltenstherapie darin gefunden, Komponenten des Zen-Buddhismus und des Taoismus und der Stoiker. Auch Anlehnungen an den Sokratischen Dialog konnte ich darin ent-

decken. The Work ist Meditation, Schattenarbeit und Yoga für den Verstand. Diese Methode des Fragenstellens ist sowohl für Menschen eine Hilfe, die gerade erst einen Fuß auf das Feld der »Lebenshilfe« setzen als auch für solche, die schon tief in spirituelle Sphären eingetaucht sind. Die einfachen Fragen und die Umkehrungen passen für so viele Menschen, dass wirklich jeder sie anwenden kann. Auch Kinder kann man schon fragen, ob sie sich wirklich sicher sein können, dass der Gedanke wahr ist, der sie gerade ängstigt oder belastet.

Als ich The Work entdeckte, war ich gerade dreißig geworden. Immer wieder bemerkte ich schmerzlich, dass mir, wenn ich Probleme hatte, die gut gemeinten Ratschläge von Freunden und meiner Familie nicht so richtig weiterhelfen konnten. Undeutlich war mir schon aufgegangen, dass ich meine eigenen Antworten finden musste. Bloß wie? Ein Freund empfahl mir, den indischen Philosophen Jiddu Krishnamurti zu lesen. Und auch in seinen Büchern las ich: »Denn nur das, was man selbst erkennt, ist wirkliche Einsicht.« Krishnamurti war der Auffassung, dass alle Konflikte, die Menschen haben, nur Auswirkungen ihres inneren Zustandes sind. Er schrieb, dass man nicht zuerst an die äußere Beseitigung dieser Missstände denken sollte, sondern an eine Transformation des Menschen in seinem Inneren. So sei die eigene Veränderung auch eine Veränderung für die Welt. Nachdem ich bei ihm die theoretischen Einsichten erlangt hatte, fand ich die Anleitung, das »how to«, bei der Work.

Byron Katie spricht im Zusammenhang mit der Work von einem möglichen Ende allen Leidens. Nicht nur sie und ich, auch Tausende andere haben die Erfahrung gemacht, dass die Anwendung der Fragen wirklich zum Ende jeden Leidens führt und zu Gelassenheit, Vergebung, Frieden, Freiheit, geistiger und körperlicher Gesundheit, kurz: zu einem Glück, das einen von innen strahlen lässt.

Der Ausruf, den ich am häufigsten in meinen Seminaren und Einzelsitzungen höre, ist: »So habe ich das ja noch gar nicht gesehen!« Das, was noch kurz zuvor wie ein Problem, wie eine erdrückende Belastung erschien, wandelt sich durch einen anderen Blickwinkel zu etwas Unterstützendem, Unverzichtbaren, zu einer guten Gelegenheit, sich selbst zu entwickeln. Endlich können wir aufhören, uns,

unseren Partner, unsere Eltern und Kollegen ändern zu wollen. Der kräftezehrende, energieraubende Kampf *gegen* etwas wird beendet. Wir können die Waffen niederlegen, dem Schlachtfeld den Rücken zukehren und nach Hause kommen.

Byron Katie, die von allen nur Katie genannt wird, schreibt in ihrem Buch *Lieben, was ist:* »Wir leiden nur dann, wenn wir einen Gedanken glauben, der mit dem streitet, was ist. Wenn der Geist vollkommen klar ist, dann ist das, was ist, das, was wir wollen. Wenn du willst, dass die Wirklichkeit anders ist, als sie ist, kannst du genauso gut versuchen, einer Katze das Bellen beizubringen. Du kannst es immer weiter probieren, und zum Schluss wird die Katze zu dir aufschauen und Miau sagen.«

Will ein Großteil der 60 000 bis 80 000 Gedanken, die pro Tag in unserem Kopf auftauchen, ständig etwas anders haben, als es ist, dann leben wir in permanenter Unruhe. Dann kann nie etwas so sein, wie es bereits ist. Abgesehen davon, dass es aussichtslos ist, die Realität anders haben zu wollen, als sie gerade ist, trainieren wir unseren Verstand darauf, ständig Verbesserungsvorschläge aus-zuspucken, und versagen uns damit, die Schönheit zu sehen, die in diesem Moment bereits vorhanden ist.

Könnte es nicht sein, dass jeglicher Stress, der in dir auftaucht, aus einem Widerstand kommt, den du *gegen* etwas hast, was bereits da ist? Gedanken wie

- Ich will, dass Menschen freundlicher sind.
- Er sollte mir zuhören.
- Ich brauche mehr Geld zum Glücklichsein.
- Ich sollte schon weiter sein.

sind mentale Widerstände gegen die Wirklichkeit. Vielleicht sagst du jetzt: Ja, aber man kann doch nicht einfach alles so hinnehmen, wie es ist! Es gibt doch Ungerechtigkeiten, gegen die man seine Stimme erheben muss, und Grenzen, die gezogen werden müs-sen! Verliere ich nicht jegliche Motiva-tion zu handeln, wenn ich alles so lasse, wie es ist?
Katie antwortet dir mit der Frage: »Kannst du wirklich wissen, dass das wahr ist? Was gibt dir mehr Macht: ›Ich wünschte, ich hätte meinen Job nicht verloren‹ oder ›Ich habe meinen

Job verloren – welche intelligenten Lösungen kann ich jetzt finden?‹«

Auf den nächsten Seiten findest du eine Anleitung, wie du dich selbst mit The Work begleiten kannst. Ich höre immer wieder, dass Menschen einfach angefangen haben und es funktioniert hat. Es mag auf den ersten Blick wie viel Theorie aussehen, doch lass dich davon nicht abschrecken. Die Inhalte sind so aufbereitet, dass du schnell damit anfangen kannst, aber auch alle wichtigen Fragen geklärt werden.

Die Technik

Teil 1 der Work besteht darin, deine stressigen Glaubenssätze zu finden, die die Ursache von Gefühlen wie Wut, Ärger, Hilflosigkeit, Ohnmacht, Angst oder Verzweiflung sind. Wie du deine stressigen Glaubenssätze finden kannst, zeige ich dir gleich im nächsten Abschnitt: »Das Finden der Glaubenssätze«.

Beispiele für stressige, dich belastende Glaubenssätze könnten so aussehen: *Mein Partner sollte mir zuhören./Ich habe nie genug Geld./Ich sollte schon*

*weiter sein als ich bin./Ich brauche mehr
Liebe von meinen Eltern./Alle Politiker
sind korrupt./Ich bin nicht schlau genug.*

Teil 2 der Work besteht aus der
Überprüfung so eines Glaubenssatzes
anhand von vier Fragen. Am Ende der
Überprüfung kehren wir den stressigen
Gedanken in sein Gegenteil und
schauen, ob dieses Gegenteil nicht
auch wahr sein könnte. Dafür finden
wir authentische und konkrete Beispiele aus dem eigenen Leben.

Teil 1: Das Finden der Glaubenssätze

Menschen fragen oft: Wohin mit all
meinem Stress, dem Genervtsein,
der Wut, dem Ärger, der Ohnmacht?
Weil sie diese Gefühle nicht an
anderen auslassen wollen, sperren
sie sie weg, unterdrücken sie oder
versuchen, sich durch irgendetwas
abzulenken. Doch ab einer bestimmten Menge an weggesperrten Gefühlen haben sie sich entweder ganz
von ihren Emotionen abgeschnitten
oder sie sind wie eine Zeitbombe,
die jeden Moment zu explodieren
droht.

In der Arbeit mit The Work werden
all diese Gefühle hervorgeholt und
angeschaut. Das Motto lautet: Aufs
Papier damit! Alles was du Belasten-
des über dich, andere und die Welt
glaubst: Schreib es auf! Das ist der
erste Schritte der Work: deine stressigen Glaubenssätze zu finden, die
die Ursache dafür sind, dass du diese
Belastung fühlst. Denn würdest du
bestimmte Gedanken nicht glauben,
würdest du dich auch nicht ärgerlich,
ohnmächtig, traurig oder genervt
fühlen.

Katie hat für das Finden der Glaubenssätze ein Arbeitsblatt entwickelt,
mit dessen Hilfe wir auf einfache
Weise die Überzeugungen ausfindig
machen können, die uns belasten.
Dieses Arbeitsblatt haben wir hier
(mehrfach) abgedruckt. Es heißt:
»Urteile über deinen Nächsten«.
All deine weggesperrten Urteile über
deine Eltern, Geschwister, Freunde,
Kollegen, deinen Partner und andere
Personen oder Umstände dürfen hier
auf diesem Papier lebendig werden.

Arbeitsblatt
»Urteile über deinen Nächsten«

Denke an eine stressvolle Situation mit jemandem, zum Beispiel an einen Streit. Sieh diese Situation konkret vor deinem inneren Auge und lass sie und den dazugehörigen Schmerz wiederaufleben, während du dieses Blatt ausfüllst. Erlaube dir, aus dem Stress der Situation heraus zu schreiben; erlaube dir, so emotional zu sein. Verwende kurze, einfache Sätze.

1. In dieser Situation: Wer ärgert dich, verwirrt dich, verletzt dich, macht dich traurig oder enttäuscht dich – und warum?

Ich bin .... auf/wegen ....
              Gefühl   Name

weil ....

....

Bsp.: Ich bin wütend auf Paul, weil er mich belogen hat.

2. In dieser Situation: Wie willst du, dass er/sie sich ändert? Was willst du, dass er/sie tut?

Ich will, dass ....
                            Name

....

Bsp.: Ich will, dass Paul sieht, dass er unrecht hat. Ich will, dass er aufhört mich zu belügen.

3. In dieser Situation: Welchen Rat würdest du ihm/ihr anbieten? »Er/Sie sollte / sollte nicht ...«

.... sollte / sollte nicht ....
            Name

....

Bsp.: Paul sollte mich mit seinem Verhalten nicht verängstigen.

4. Damit du in dieser Situation glücklich sein kannst:
Was brauchst du, dass er/sie denkt, sagt, fühlt oder tut?

Ich brauche von ...., dass ....
Name

....

....

....

Bsp.: Ich brauche von Paul, dass er mich nicht unterbricht.

5. Was denkst du über ihn/sie in dieser Situation? Erstelle eine Liste.
(Es ist in Ordnung, kleinlich und beurteilend zu sein.)

.... ist ....
Name

....

....

Bsp.: Paul ist ein Lügner, arrogant, laut, unehrlich und unbewusst.

6. Was ist es bezüglich dieser Person und dieser Situation,
das du nie wieder erleben willst?

Ich will nie wieder ....

....

....

....

Bsp.: Ich will nie wieder erleben, dass Paul mich belügt. Ich möchte nie wieder missachtet werden.

© 2019 Byron Katie International, Inc. Alle Rechte vorbehalten. thework.co

Nun hast du ein ganzes Blatt voller stressiger Glaubenssätze, die du überprüfen kannst.
Zwei technische Dinge sind beim Arbeitsblatt noch zu beachten:

Das erste ist: Für die Überprüfung brauchen wir kurze, knappe Sätze. Sieh dir die Sätze an, die du geschrieben hast, und schau, ob du Aufzählungen notiert hast. Mach zum Beispiel aus: »Meine Mutter sollte mich lieben und respektieren« zwei Sätze: »Meine Mutter sollte mich lieben.« Und: »Meine Mutter sollte mich respektieren.« Überprüfe immer nur einen Gedanken.

Das zweite ist: Unter 1. hast du das Gefühl notiert, welches dich in der Situation belastet hat. Dieses Gefühl hilft dir, das gesamte Arbeitsblatt emotional auszufüllen. Für die Überprüfung brauchen wir es nicht. Mach also aus dem Satz, den du unter 1. geschrieben hast, einen Aussagesatz.

Aus: »Ich bin wütend auf Paul, weil er mich belogen hat.«
wird: »Paul hat mich belogen.«

Weiteres Beispiel:
Aus: »Ich bin enttäuscht von meiner Mutter, weil sie mich nie geliebt hat.«
Wird: »Meine Mutter hat mich nie geliebt.«

Alle anderen Punkte des Arbeitsblattes bleiben in den Formulierungen so, wie sie auf dem Arbeitsblatt notiert sind:

1. Ich will, dass ...
2. XY sollte ...
3. Ich brauche von XY, dass ...
4. XY ist ...
5. Ich will nie wieder erleben ...

Teil 2: Die Überprüfung

Jeden einzelnen Glaubenssatz kannst du nun mit den Fragen der Work überprüfen. Bitte lass dir dafür Zeit, lass die Fragen in dich hineinfallen und warte, welche Antwort sich in dir zeigt. Denk nicht angestrengt nach, The Work ist besonders kraftvoll, wenn du sie wie eine Meditation angehst.

Die vier Fragen lauten:

1. Ist es wahr?
2. Kannst du mit absoluter Sicherheit wissen, dass es wahr ist?
3. Wie reagierst du, was passiert, wenn du diesen Gedanken glaubst?
4. Wer wärst du ohne den Gedanken?

Kehre im Anschluss deinen stressigen Glaubenssatz um und finde jeweils drei aufrichtige, konkrete Beispiele, warum oder auf welche Weise diese Umkehrung auch wahr sein könnte.

Viele Seminarteilnehmer stöhnen im ersten Moment und sind sich sicher, keine drei Beispiele finden zu können. In so einem Fall kann ich dir empfehlen, einfach mit einem Beispiel anzufangen. Wenn wir feststellen, dass es doch ein Beispiel für die Umkehrung gibt, sieht es meist deutlich weniger unwahrscheinlich aus, auch noch ein zweites zu finden. Und ist das zweite erst gefunden, ist das dritte meist auch nicht mehr weit. Der Verstand hat dann seinen Glaubenssatz überwunden, dass es nicht möglich ist, drei Beispiele zu finden. Du kannst es dir also leichtmachen, indem du dreimal jeweils ein Beispiel findest.

Dein belastender Glaubenssatz kann grundsätzlich in folgende Richtungen umgekehrt werden:

U1 – Umkehrung zu mir
U2 – Umkehrung zum anderen
U3 – Umkehrung ins Gegenteil
U4 – Umkehrung ins äußerste Gegenteil

Der Übersicht halber habe ich die Umkehrungen nummeriert. Aus meiner Sicht kannst du die Umkehrungen auch in einer anderen Reihenfolge bilden. Nicht jeder Glaubenssatz lässt sich in alle Richtungen umkehren. Hast du zum Beispiel in deinem Glaubenssatz keinen »anderen« kannst du den Gedanken auch nicht zum anderen umkehren.

Beispiele für Umkehrungen der Glaubenssätze vom Arbeitsblatt:

Zu Punkt 1 des Arbeitsblattes »Urteile über deinen Nächsten«:

Glaubenssatz: Er liebt mich nicht.
U1 (zu mir) Ich liebe mich nicht.
U2 (zum anderen) Ich liebe ihn nicht.
U3 (ins Gegenteil) Er liebt mich.
U4 (ins äußerste Gegenteil) Er hat mich schon immer geliebt/wird mich immer lieben.

Zu Punkt 2 des Arbeitsblattes »Urteile über deinen Nächsten«:

Glaubenssatz: Ich will, dass er sich um mich kümmert.
U1 (zu mir) Ich will, dass ich mich um mich kümmere.
U2 (zum anderen) Ich will, dass ich mich um ihn kümmere.
U3 (ins Gegenteil) Ich will nicht, dass er sich um mich kümmert.

U4 (ins äußerste Gegenteil) Ich will, das er mich fallenlässt.
(oder was dein Gegenteil von »kümmern« ist)

Zu Punkt 3 des Arbeitsblattes »Urteile über deinen Nächsten«:

Glaubenssatz: Er sollte richtig für mich da sein.
U1 (zu mir) Ich sollte richtig für mich da sein.
U2 (zum anderen) Ich sollte richtig für ihn da sein.
U3 (ins Gegenteil) Er sollte nicht richtig für mich da sein.
U4 (ins äußerste Gegenteil) Er sollte gar nicht für mich da sein.

Zu Punkt 4 des Arbeitsblattes »Urteile über deinen Nächsten«:

Glaubenssatz: Ich brauche von ihm, dass er mich will.
U1 (zu mir) Ich brauche von mir, dass ich mich will.
U2 (zum anderen) Ich brauche von mir, dass ich ihn will.
U3 (ins Gegenteil) Ich brauche nicht von ihm, dass er mich will.
U4 (ins äußerste Gegenteil) Ich brauche nichts von ihm.

Zu Punkt 5 des Arbeitsblattes »Urteile über deinen Nächsten«:

Glaubenssatz: Er ist selbstsüchtig.
U1 (zu mir) Ich bin selbstsüchtig.
U2 (zum anderen) Nicht möglich, da nur eine Person auftaucht.
U3 (ins Gegenteil) Er ist nicht selbstsüchtig.
U4 (ins äußerste Gegenteil) Er ist selbstlos.

Die Umkehrung zu Punkt 6 des »Urteile über deinen Nächsten«-Arbeitsblattes:

Die Umkehrungen für die Überzeugungen, die du unter Punkt 6 aufgeschrieben hast, werden anders gebildet. Auch hinterfragt Katie den Gedanken unter Punkt 6 nicht mit den Fragen der Work, sondern bildet nur die beiden folgenden Umkehrungen:

Beispiel:
Der Glaubenssatz »*Ich will nie* wieder erleben, dass er mich nicht versteht« wird umgekehrt zu:

1. »*Ich bin bereit*, wieder zu erleben, dass er mich nicht versteht.«
2. »*Ich freue mich darauf*, wieder zu erleben, dass er mich nicht versteht.«

Punkt 6 steht absichtlich am Ende des Arbeitsblattes. Bitte mach diese beiden Umkehrungen erst, wenn du schon andere Glaubenssätze deines Arbeitsblattes mit The Work überprüft hast. Nicht immer sind wir auf Anhieb bereit, eine Sache wieder zu erleben oder können uns gar darauf freuen. Wenn dir das schwerfällt, kannst du dir folgende Fragen stellen:

1a) »Wie wäre es, wenn ich bereit sein könnte, das wieder zu erleben?« oder/und:

1b) »Wofür könnte es gut sein, dass ich das wieder erlebe? Was kann ich dabei lernen?«

2a) »Wie wäre es, wenn ich mich darauf freuen könnte, das wieder zu erleben?« oder/und:

2b) »Wieso wäre es geradezu fantastisch, wenn ich das wieder erlebte? Was könnte ich dadurch in mein Leben holen? Warum könnte es das großartigste Geschenk sein, wenn ich das wieder erlebte?«

Es geht bei diesen Fragen nicht darum, dass wir uns das Erlebnis herbeiwünschen, sondern darum zu versuchen, alles, was ja auch geschehen kann, mit offenen Armen zu empfangen. Es geht darum, den sinnlosen, kraftraubenden Widerstand gegen das, was ist, aufzugeben.

Solltest du immer noch keine Bereitschaft spüren, das wieder zu erleben, was du unter Punkt 6 geschrieben hast, kannst du dich auch fragen, ob es theoretisch möglich ist, dass du das so oder so ähnlich wieder erlebst. Und wenn ja, wie fühlt es sich dann an, nicht bereit zu sein, es wieder zu erleben? Du könntest dir ganz konkret anschauen, wie dein Leben dadurch ist, dass du etwas zu vermeiden versuchst, und wie das deinen Alltag und deine Lebensqualität beeinflusst. Möglicherweise entsteht dadurch eine Bereitschaft in dir, dich den Umkehrungen zu Punkt 6 zu öffnen.

Wenn du dich aufrichtig auf Erfahrungen freuen kannst, bei denen du dich früher unwohl gefühlt hast, dann gibt es nichts mehr im Leben, wovor du dich fürchten musst.

Konkretes Beispiel für eine Überprüfung

Bevor ich mein Arbeitsblatt ausfülle, suche ich mir eine konkrete Situation, in der ich Stress empfunden habe, in der ich also ärgerlich, wütend, verzweifelt, hilflos, enttäuscht, traurig oder etwas Ähnliches war.

Eine konkrete Situation ist ein ganz bestimmter Moment, ein Ausschnitt von ca. 30 Sekunden oder einer Minute. Diese Situation kann ich plastisch vor Augen sehen. Ich war an einem ganz bestimmten Ort, zu einer konkreten Zeit, mit bestimmten Personen oder mit Personen über E-Mail, Handy oder anderen Geräten im Kontakt. Oder ich befinde mich in einer eigentlich unspektakulären Situation, aber es taucht eine Erinnerung an etwas oder ein Gedanke auf, der mich stresst.

Meine konkrete Situation war: Ich sitze mit Freundinnen einer Freundin im Restaurant, habe zu Beginn unseres Treffens groß herausposaunt, dass ich eigentlich gar keinen Hunger habe und nur etwas Kleines zu Essen bestellt. Nun hat eine Freundin meiner Freundin ein großes Gericht bestellt und schafft es nicht. Sie stellt es zur Seite, und ich befürchte, dass es abgeräumt wird, wenn ich nicht schnell anmelde, dass ich es gern hätte. Es sieht so lecker aus und duftet zu mir herüber. Ich überwinde mich und traue mich, sie zu fragen, ob ich es noch aufessen kann, und merke, wie ich dabei rot werde. Sie schaut mich eine Sekunde länger an, als es notwendig gewesen wäre, und ich interpretiere, dass sie so etwas sagen will, wie: »Du hattest doch gar keinen Hunger!« Verschämt nehme ich den Teller in Empfang und überlege, während ich zu essen beginne, ob ich dazu noch ein paar Worte verlieren soll.

Das war die Situation in Langform. In Kürze geht sie von der Sekunde los, wo sie mich vermeintlich eine Sekunde zu lang ansieht, bis ich anfange zu essen und während der ersten Bissen darüber nachdenke. In meinem konkreten Fall waren das circa 20 Sekunden.

Während ich diese Situation vor Augen habe, schaue ich genau hin, welches Gefühl ich in dem Moment gefühlt habe. Aus diesem Gefühl heraus habe ich mein Arbeitsblatt ausgefüllt. Das folgende Beispiel extrahiert den Glaubenssatz unter Punkt 3 des Arbeitsblattes, den Gedanken, den ich über diese Freundin meiner Freundin hatte.

Sie sollte nicht schlecht über mich denken.

Bevor ich beginne, erinnere ich mich, dass die Überprüfung nur funktioniert, solange ich auf die Fragen antworte. Wenn ich ins Plaudern gerate, abschweife, mich erkläre oder rechtfertige, hört The Work auf zu funktionieren. Ich erinnere mich, dass der Prozess der Work eine Art Meditation ist, und dass ich nicht angestrengt nachdenken muss. Eher lehne ich mich zurück und lasse die Antworten von selbst auftauchen. Dann führe ich mir meine konkrete Situation wieder vor Augen und stelle mir die vier Fragen der Work.

1. Ist das wahr?

Ich werde still. Ich lasse den Verstand die Frage stellen und warte, welche Antwort auftaucht. Ist der Gedanke, dass sie nicht schlecht über mich denken sollte, wahr? In dem Moment, wo sie mich gefühlt eine Sekunde zu lang ansieht? Oder kurz darauf? Ich bewege die Frage so lange in mir, bis sich ein klares Ja oder Nein zeigt. Frage ich nach der Wahrheit, braucht es nicht viele Worte. Ein Gedanke ist wahr oder eben nicht.

2. Kann ich mit absoluter Sicherheit wissen, dass der Gedanke wahr ist?

Zu hundert Prozent? Folgendes kann ich bedenken: Kann ich wirklich wissen, dass ich einen Nachteil davon habe, wenn sie schlecht über mich denkt? Kann ich absolut sicher sein, dass es langfristig das Beste für mich wäre, wenn sie nicht schlecht über mich denken würde?

Ich beschränke mich auch bei dieser zweiten Frage der Work auf Ja oder Nein als Antwort und bemerke, wie klar sich diese Beschränkung anfühlt.

3. Wie reagiere ich, was passiert (in meiner konkreten Situation), wenn ich diesen Gedanken glaube?

Wie reagiere ich in dem Moment, wo sie mich nach meinem Ermessen zu lange anschaut, wenn ich glaube, dass sie nicht schlecht über mich denken sollte? Welche Gefühle tauchen auf? Welche weiteren stressigen Glaubenssätze? Wie behandle ich sie, wenn ich diesen Gedanken glaube?

Ich finde konkrete Beispiele wie: »Ich bestrafe sie, indem ich sie nicht beachte«, »Ich antworte ihr kurz und knapp, wenn sie mich etwas fragt«. Ich frage mich: Wie fühlt es sich für mich an, sie so zu behandeln? Nach jeder einzelnen Frage lasse ich den Antworten Zeit, um sich zu zeigen.

Darüber hinaus kann ich mich fragen: Wie behandele ich mich selbst in der Situation, wenn ich glaube, dass die Freundin meiner Freundin nicht schlecht über mich denken sollte? Und wie fühlt sich das an?

Wie ist mein Leben, wenn ich den Gedanken für wahr halte, dass andere Menschen nicht schlecht über mich denken sollten? Kann ich es beeinflussen, was andere Menschen so denken?

Mit dieser dritten Frage bemerke ich all die Auswirkungen, die der Gedanke: *Sie sollte nicht schlecht über mich denken* auf mich und mein Leben hat und erlaube mir, sie deutlich wahrzunehmen und zu fühlen.

4. Wer wäre ich (in meiner konkreten Situation) ohne den Gedanken?

Ich stelle mir vor, wie meine Situation gewesen wäre, wenn dieser Gedanke nicht aufgetaucht wäre. Ich sehe die Freundin meiner Freundin vor mir, sehe, wie sie mich anschaut und wie das auf mich wirken würde, wenn ich nicht den Gedanken hätte, dass sie nicht schlecht über mich denken soll. Ich nehme mir Zeit wahrzunehmen, wer ich in dem Moment ohne meinen stressigen Gedanken wäre, und erlaube mir, das eingehend zu fühlen. Die Antwort auf: »Wer wäre ich ohne den Gedanken?« kommt oft nicht in Worten. Es ist eher etwas, was ich in mir selbst spüren kann. Eine Empfindung in meinem Körper, ein Lebensgefühl.

Bei dieser vierten Frage kann ich mir auch in Ruhe anschauen, wie mein Leben ohne diesen Gedanken gewesen wäre und in der Zukunft sein würde und wie sich das anfühlen könnte. Eine Art Vorschau auf ein Leben ohne diesen Gedanken. Ich erlaube mir, die Antwort auf diese Frage eine Erfahrung sein zu lassen, nicht nur einen weiteren Gedanken.

Kehre den Gedanken um

Der ursprünglich stressige Gedanke **Sie sollte nicht schlecht über mich denken** kann in der Umkehrung heißen:

Umkehrung 1: *Ich sollte nicht schlecht über mich denken.*

Ich finde drei ehrliche Beispiele, die auf diese Situation zutreffen. Es geht nicht darum, mich selbst anzuklagen, sondern darum, Sichtweisen zu entdecken, die mir Frieden bringen. Auch für die Beispiele zu den Umkehrungen muss ich mich nicht anstrengen. Es ist eher ein »mich-öffnen«. Ich halte für möglich, dass sich ein Beispiel zeigen wird. Inwiefern oder auf welche Weise habe ich (in meiner konkreten Situa-

tion) schlecht über mich gedacht? Und wie hat sich das angefühlt? War das nicht vielleicht sogar der größere Schmerz als der, dass jemand anders schlecht über mich denken könnte? Solange ich glaube, das Problem läge im Außen und jemand anderes sei für meine Probleme verantwortlich, hört mein Leiden nicht auf.

Umkehrung 2: *Ich sollte nicht schlecht über sie denken.*

Ich schaue mir meine Situation noch einmal an. Was habe ich über sie gedacht, als mich die Freundin der Freundin gefühlt eine Sekunde zu lange angesehen hat? Was habe ich ihr unterstellt? Was habe ich interpretiert? Und als ich rot wurde? Und als ich den Teller in Empfang genommen habe? Was habe ich Schlechtes über sie vermutet, als ich noch ein paar Bissen lang darüber nachgegrübelt habe, ob ich noch etwas dazu sage, um mein Bild bei ihr wieder geradezurücken, von dem ich gar nicht sicher gewusst habe, ob es überhaupt schief hing? Wie wäre diese Situation gewesen, wenn ich nicht schlecht über sie gedacht hätte? Und ist diese Umkehrung nicht vielleicht sogar wahrer als mein ursprünglicher Glaubenssatz?

Umkehrung 3: *Sie sollte schlecht über mich denken.*

Ich frage mich: Könnte das auch wahr sein? Wie wäre es, wenn ich nichts dagegen hätte, dass die Freundin der Freundin eventuell etwas »Schlechtes« über mich denkt? Und welchen Grund könnte ich ihr geliefert haben? Habe ich mich aufrichtig und transparent gezeigt? Nein. Ich habe ihr nicht gesagt, dass meine Meinung sich geändert hat, dass ihr übrig gelassenes Essen für mich verführerisch duftet und dass ich es nun entgegen meiner Verkündigung am Beginn des Abends gern aufessen würde. Hätte ich so offen und ehrlich kommuniziert, hätten wir beide darüber lachen können. Sie sollte schlecht über mich denken, denn ich habe ihr unterstellt, dass sie mich eine Sekunde zu lang angesehen hat, quasi strafend. Ich habe für möglich gehalten, dass sie jetzt schlecht über mich denkt.

Umkehrung 4: *Alle Menschen sollten über mich denken, was sie halt denken.*

Frei nach dem Motto: »Ist der Ruf erst ruiniert, lebt sich's völlig ungeniert«, kann ich völlige Freiheit spüren, wenn ich nicht versuche, das Denken anderer Menschen zu kontrollieren.

Wie viel Kraft wird da frei und wie viel Zeit? Ist es denn überhaupt möglich, das Denken anderer Menschen zu kontrollieren? Und wie geht es mir, wenn ich etwas will, was gar nicht geht? Wie wäre es, das aufzugeben? Wie könnte ich mit anderen Menschen umgehen, wenn ich nicht von ihnen wollen würde, dass sie nur positiv über mich denken? Wenn ich sie frei lassen könnte, mit dem, was sie so denken?

Und jetzt du!

Die Erfahrung hat gezeigt, dass es hilfreich ist, The Work schriftlich zu machen. Du brauchst keine Romane schreiben, aber doch wenigstens deinen Glaubenssatz notieren, zu jeder Frage ein Kürzel und die Einsichten oder interessanten Blickwinkeländerungen, die in den Antworten auftauchen. Notiere dir, welche Umkehrungen du gemacht hast und die Beispiele, die dir die Sicht weiten. Auf diese Weise kannst du dich auch später noch an deine Erkenntnisse erinnern und du weißt auch im Prozess, wo du dich befindest.

Menschen, die gesagt haben, sie hätten The Work ausprobiert und die Methode würde für sie nicht funktionieren, frage ich, was sie genau gemacht haben. Meist stellt sich heraus, dass sie sich die Fragen nur im Kopf gestellt haben, und als es bei Frage 3 etwas ungemütlich wurde, haben sie sich ablenken lassen. Versuche bitte immer, auch wenn deine Zeit knapp ist, mindestens die vier Fragen zu beantworten, eine Umkehrung zu machen und drei Beispiele zu finden. Du kannst auch mal die vier Fragen beantworten, etwas dazwischenschieben, um dann zur Work zurückzukehren und dich den Umkehrungen zu widmen.

The Work funktioniert, wenn wir dafür offen sind, uns unsere Überzeugungen und unseren Schmerz aufrichtig anzu-schauen. Wenn wir recht haben wollen, was vorkommen kann, dann werden unsere Antworten aus diesem Motiv kommen, und das wird uns nicht befreien.

Hast du mit dem »Urteile über deinen Nächsten«-Arbeitsblatt von Seite 100 schon Glaubenssätze gefunden, die du überprüfen möchtest? Bist du bereit, einmal durch den Prozess der Work zu gehen?

Du kannst dir natürlich einfach ein leeres Blatt bereitlegen, auf dem du deine Antworten notierst. Oder du benutzt die Vorlage auf der nächsten Seite:

Selbstbegleitung:
Untersuche eine Überzeugung mit The Work

Trage in der »Glaubenssatz«- Leerzeile einen belastenden Glaubenssatz ein. Es könnte eine Aussage eines »Urteile über deinen Nächsten«-Arbeitsblattes sein, ein stressvoller Glaubenssatz über eine (lebende oder verstorbene) Person, der du noch nicht hundertprozentig vergeben hast, oder irgendein stressvoller Glaubenssatz. Erlaube dir, die konkrete Situation, in der dieser Gedanke aufgetaucht ist, vor deinem inneren Auge zu sehen. Untersuche diese Überzeugung dann schriftlich mit den folgenden Fragen und Umkehrungen.

Glaubenssatz: ....

1. Ist das wahr? (Ja oder Nein)
Bei Nein gehe zu Frage 3. ....

2. Kannst du mit absoluter Sicherheit wissen, dass das wahr ist?

(Ja oder Nein) ....

3. Wie reagierst du, was passiert, wenn du diesen Gedanken glaubst?

....

Welche Gefühle tauchen auf, wenn du diesen Gedanken glaubst?

....

Wie behandelst du dich und andere Menschen,
wenn du diesen Gedanken glaubst?

....

....

4. Wer wärst du ohne den Gedanken?

....

....

....

Kehre den Gedanken um.
Beispiel einer Aussage: Er hat mich verletzt.

Mögliche Umkehrungen:
Ich habe mich verletzt.
Ich habe ihn verletzt.
Er hat mich nicht verletzt.
Er hat mir geholfen.

Finde konkrete Beispiele, wie in deiner Situation jede der Umkehrungen für dich genauso wahr oder wahrer ist.

....

....

....

....

....

....

....

....

© 2019 Byron Katie International, Inc.
Alle Rechte vorbehalten. thework.co

Arbeitsblatt
»Urteile über deinen Nächsten«

Denke an eine stressvolle Situation mit jemandem, zum Beispiel an einen Streit.
Sieh diese Situation konkret vor deinem inneren Auge und lass sie und den
dazugehörigen Schmerz wiederaufleben, während du dieses Blatt ausfüllst.
Erlaube dir, aus dem Stress der Situation heraus zu schreiben; erlaube dir,
so emotional zu sein. Verwende kurze, einfache Sätze.

1. In dieser Situation: Wer ärgert dich, verwirrt dich, verletzt dich, macht dich
traurig oder enttäuscht dich – und warum?

Ich bin .... auf/wegen ....
             Gefühl   Name

weil ....

....

Bsp.: Ich bin wütend auf Paul, weil er mich belogen hat.

2. In dieser Situation: Wie willst du, dass er/sie sich ändert?
Was willst du, dass er/sie tut?

Ich will, dass ....
                        Name

....

Bsp.: Ich will, dass Paul sieht, dass er unrecht hat. Ich will, dass er aufhört mich zu belügen.

3. In dieser Situation: Welchen Rat würdest du ihm/ihr anbieten?
»Er/Sie sollte / sollte nicht …«

.... sollte / sollte nicht ....
             Name

....

Bsp.: Paul sollte mich mit seinem Verhalten nicht verängstigen.

4. Damit du in dieser Situation glücklich sein kannst:
Was brauchst du, dass er/sie denkt, sagt, fühlt oder tut?

Ich brauche von ...., dass ....
                                   Name

....

....

....

Bsp.: Ich brauche von Paul, dass er mich nicht unterbricht.

5. Was denkst du über ihn/sie in dieser Situation? Erstelle eine Liste.
(Es ist in Ordnung, kleinlich und beurteilend zu sein.)

.... ist ....
                Name

....

....

Bsp.: Paul ist ein Lügner, arrogant, laut, unehrlich und unbewusst.

6. Was ist es bezüglich dieser Person und dieser Situation,
das du nie wieder erleben willst?

Ich will nie wieder ....

....

....

....

Bsp.: Ich will nie wieder erleben, dass Paul mich belügt. Ich möchte nie wieder missachtet werden.

© 2019 Byron Katie International, Inc. Alle Rechte vorbehalten. thework.co

Selbstbegleitung:
Untersuche eine Überzeugung mit The Work

Trage in der »Glaubenssatz«- Leerzeile einen belastenden Glaubenssatz ein. Es könnte eine Aussage eines »Urteile über deinen Nächsten«-Arbeitsblattes sein, ein stressvoller Glaubenssatz über eine (lebende oder verstorbene) Person, der du noch nicht hundertprozentig vergeben hast, oder irgendein stressvoller Glaubenssatz. Erlaube dir, die konkrete Situation, in der dieser Gedanke aufgetaucht ist, vor deinem inneren Auge zu sehen. Untersuche diese Überzeugung dann schriftlich mit den folgenden Fragen und Umkehrungen.

Glaubenssatz: ....

1. Ist das wahr? (Ja oder Nein)
Bei Nein gehe zu Frage 3. ....

2. Kannst du mit absoluter Sicherheit wissen, dass das wahr ist?

(Ja oder Nein) ....

3. Wie reagierst du, was passiert, wenn du diesen Gedanken glaubst?

....

Welche Gefühle tauchen auf, wenn du diesen Gedanken glaubst?

....

Wie behandelst du dich und andere Menschen,
wenn du diesen Gedanken glaubst?

....

....

4. Wer wärst du ohne den Gedanken?

....

....

....

Kehre den Gedanken um.
Beispiel einer Aussage: Er hat mich verletzt.

Mögliche Umkehrungen:
Ich habe mich verletzt.
Ich habe ihn verletzt.
Er hat mich nicht verletzt.
Er hat mir geholfen.

Finde konkrete Beispiele, wie in deiner Situation jede der Umkehrungen für dich genauso wahr oder wahrer ist.

....

....

....

....

....

....

....

....

© 2019 Byron Katie International, Inc.
Alle Rechte vorbehalten. thework.co

Arbeitsblatt
»Urteile über deinen Nächsten«

Denke an eine stressvolle Situation mit jemandem, zum Beispiel an einen Streit. Sieh diese Situation konkret vor deinem inneren Auge und lass sie und den dazugehörigen Schmerz wiederaufleben, während du dieses Blatt ausfüllst. Erlaube dir, aus dem Stress der Situation heraus zu schreiben; erlaube dir, so emotional zu sein. Verwende kurze, einfache Sätze.

1. In dieser Situation: Wer ärgert dich, verwirrt dich, verletzt dich, macht dich traurig oder enttäuscht dich – und warum?

Ich bin .... auf/wegen ....
              Gefühl   Name

weil ....

....

Bsp.: Ich bin wütend auf Paul, weil er mich belogen hat.

2. In dieser Situation: Wie willst du, dass er/sie sich ändert? Was willst du, dass er/sie tut?.

Ich will, dass ....
                               Name

....

Bsp.: Ich will, dass Paul sieht, dass er unrecht hat. Ich will, dass er aufhört mich zu belügen.

3. In dieser Situation: Welchen Rat würdest du ihm/ihr anbieten? »Er/Sie sollte / sollte nicht ...«

.... sollte / sollte nicht ....
              Name

....

Bsp.: Paul sollte mich mit seinem Verhalten nicht verängstigen.

4. Damit du in dieser Situation glücklich sein kannst:
Was brauchst du, dass er/sie denkt, sagt, fühlt oder tut?

Ich brauche von ...., dass ....
Name

....

....

....

Bsp.: Ich brauche von Paul, dass er mich nicht unterbricht.

5. Was denkst du über ihn/sie in dieser Situation? Erstelle eine Liste.
(Es ist in Ordnung, kleinlich und beurteilend zu sein.)

.... ist ....
Name

....

....

Bsp.: Paul ist ein Lügner, arrogant, laut, unehrlich und unbewusst.

6. Was ist es bezüglich dieser Person und dieser Situation,
das du nie wieder erleben willst?

Ich will nie wieder ....

....

....

....

Bsp.: Ich will nie wieder erleben, dass Paul mich belügt. Ich möchte nie wieder missachtet werden.

© 2019 Byron Katie International, Inc. Alle Rechte vorbehalten. thework.co

Selbstbegleitung:
Untersuche eine Überzeugung mit The Work

Trage in der »Glaubenssatz«- Leerzeile einen belastenden Glaubenssatz ein. Es könnte eine Aussage eines »Urteile über deinen Nächsten«-Arbeitsblattes sein, ein stressvoller Glaubenssatz über eine (lebende oder verstorbene) Person, der du noch nicht hundertprozentig vergeben hast, oder irgendein stressvoller Glaubenssatz. Erlaube dir, die konkrete Situation, in der dieser Gedanke aufgetaucht ist, vor deinem inneren Auge zu sehen. Untersuche diese Überzeugung dann schriftlich mit den folgenden Fragen und Umkehrungen.

Glaubenssatz: ....

1. Ist das wahr? (Ja oder Nein)
Bei Nein gehe zu Frage 3. ....

2. Kannst du mit absoluter Sicherheit wissen, dass das wahr ist?

(Ja oder Nein) ....

3. Wie reagierst du, was passiert, wenn du diesen Gedanken glaubst?

....

Welche Gefühle tauchen auf, wenn du diesen Gedanken glaubst?

....

Wie behandelst du dich und andere Menschen,
wenn du diesen Gedanken glaubst?

....

....

4. Wer wärst du ohne den Gedanken?

....

....

....

Kehre den Gedanken um.
Beispiel einer Aussage: Er hat mich verletzt.

Mögliche Umkehrungen:
Ich habe mich verletzt.
Ich habe ihn verletzt.
Er hat mich nicht verletzt.
Er hat mir geholfen.

Finde konkrete Beispiele, wie in deiner Situation jede der Umkehrungen für dich genauso wahr oder wahrer ist.

....

....

....

....

....

....

....

© 2019 Byron Katie International, Inc.
Alle Rechte vorbehalten. thework.co

Arbeitsblatt
»Urteile über deinen Nächsten«

Denke an eine stressvolle Situation mit jemandem, zum Beispiel an einen Streit.
Sieh diese Situation konkret vor deinem inneren Auge und lass sie und den
dazugehörigen Schmerz wiederaufleben, während du dieses Blatt ausfüllst.
Erlaube dir, aus dem Stress der Situation heraus zu schreiben; erlaube dir,
so emotional zu sein. Verwende kurze, einfache Sätze.

1. In dieser Situation: Wer ärgert dich, verwirrt dich, verletzt dich, macht dich
traurig oder enttäuscht dich – und warum?

Ich bin .... auf/wegen ....
           Gefühl   Name

weil ....

....

Bsp.: Ich bin wütend auf Paul, weil er mich belogen hat.

2. In dieser Situation: Wie willst du, dass er/sie sich ändert?
Was willst du, dass er/sie tut?

Ich will, dass ....
                          Name

....

....

Bsp.: Ich will, dass Paul sieht, dass er unrecht hat. Ich will, dass er aufhört mich zu belügen.

3. In dieser Situation: Welchen Rat würdest du ihm/ihr anbieten?
»Er/Sie sollte / sollte nicht ...«

.... sollte / sollte nicht ....
         Name

....

....

Bsp.: Paul sollte mich mit seinem Verhalten nicht verängstigen.

4. Damit du in dieser Situation glücklich sein kannst:
Was brauchst du, dass er/sie denkt, sagt, fühlt oder tut?

Ich brauche von ...., dass ....
                              Name

....

....

....

Bsp.: Ich brauche von Paul, dass er mich nicht unterbricht.

5. Was denkst du über ihn/sie in dieser Situation? Erstelle eine Liste.
(Es ist in Ordnung, kleinlich und beurteilend zu sein.)

.... ist ....
              Name

....

....

Bsp.: Paul ist ein Lügner, arrogant, laut, unehrlich und unbewusst.

6. Was ist es bezüglich dieser Person und dieser Situation,
das du nie wieder erleben willst?

Ich will nie wieder ....

....

....

....

Bsp.: Ich will nie wieder erleben, dass Paul mich belügt. Ich möchte nie wieder missachtet werden.

© 2019 Byron Katie International, Inc. Alle Rechte vorbehalten. thework.co

Selbstbegleitung:
Untersuche eine Überzeugung mit The Work

Trage in der »Glaubenssatz«- Leerzeile einen belastenden Glaubenssatz ein.
Es könnte eine Aussage eines »Urteile über deinen Nächsten«-Arbeitsblattes
sein, ein stressvoller Glaubenssatz über eine (lebende oder verstorbene) Person,
der du noch nicht hundertprozentig vergeben hast, oder irgendein stressvoller
Glaubenssatz. Erlaube dir, die konkrete Situation, in der dieser Gedanke aufgetaucht ist, vor deinem inneren Auge zu sehen. Untersuche diese Überzeugung
dann schriftlich mit den folgenden Fragen und Umkehrungen.

Glaubenssatz: ....

1. Ist das wahr? (Ja oder Nein)
Bei Nein gehe zu Frage 3. ....

2. Kannst du mit absoluter Sicherheit wissen, dass das wahr ist?

(Ja oder Nein) ....

3. Wie reagierst du, was passiert, wenn du diesen Gedanken glaubst?

....

Welche Gefühle tauchen auf, wenn du diesen Gedanken glaubst?

....

Wie behandelst du dich und andere Menschen,
wenn du diesen Gedanken glaubst?

....

....

4. Wer wärst du ohne den Gedanken?

....

....

....

Kehre den Gedanken um.
Beispiel einer Aussage: Er hat mich verletzt.

Mögliche Umkehrungen:
Ich habe mich verletzt.
Ich habe ihn verletzt.
Er hat mich nicht verletzt.
Er hat mir geholfen.

Finde konkrete Beispiele, wie in deiner Situation jede der Umkehrungen für dich genauso wahr oder wahrer ist.

....

....

....

....

....

....

....

....

© 2019 Byron Katie International, Inc.
Alle Rechte vorbehalten. thework.co

Arbeitsblatt

»Urteile über deinen Nächsten«

Denke an eine stressvolle Situation mit jemandem, zum Beispiel an einen Streit. Sieh diese Situation konkret vor deinem inneren Auge und lass sie und den dazugehörigen Schmerz wiederaufleben, während du dieses Blatt ausfüllst. Erlaube dir, aus dem Stress der Situation heraus zu schreiben; erlaube dir, so emotional zu sein. Verwende kurze, einfache Sätze.

1. In dieser Situation: Wer ärgert dich, verwirrt dich, verletzt dich, macht dich traurig oder enttäuscht dich – und warum?

Ich bin .... auf/wegen ....
         Gefühl   Name

weil ....

....

Bsp.: Ich bin wütend auf Paul, weil er mich belogen hat.

2. In dieser Situation: Wie willst du, dass er/sie sich ändert? Was willst du, dass er/sie tut?

Ich will, dass ....
                      Name

....

Bsp.: Ich will, dass Paul sieht, dass er unrecht hat. Ich will, dass er aufhört mich zu belügen.

3. In dieser Situation: Welchen Rat würdest du ihm/ihr anbieten? »Er/Sie sollte / sollte nicht ...«

.... sollte / sollte nicht ....
         Name

....

Bsp.: Paul sollte mich mit seinem Verhalten nicht verängstigen.

4. Damit du in dieser Situation glücklich sein kannst:
Was brauchst du, dass er/sie denkt, sagt, fühlt oder tut?

Ich brauche von ...., dass ....
                            Name

....

....

....

Bsp.: Ich brauche von Paul, dass er mich nicht unterbricht.

5. Was denkst du über ihn/sie in dieser Situation? Erstelle eine Liste.
(Es ist in Ordnung, kleinlich und beurteilend zu sein.)

.... ist ....
              Name

....

....

Bsp.: Paul ist ein Lügner, arrogant, laut, unehrlich und unbewusst.

6. Was ist es bezüglich dieser Person und dieser Situation,
das du nie wieder erleben willst?

Ich will nie wieder ....

....

....

....

Bsp.: Ich will nie wieder erleben, dass Paul mich belügt. Ich möchte nie wieder missachtet werden.

© 2019 Byron Katie International, Inc. Alle Rechte vorbehalten. thework.co

Selbstbegleitung:
Untersuche eine Überzeugung mit The Work

Trage in der »Glaubenssatz«- Leerzeile einen belastenden Glaubenssatz ein. Es könnte eine Aussage eines »Urteile über deinen Nächsten«-Arbeitsblattes sein, ein stressvoller Glaubenssatz über eine (lebende oder verstorbene) Person, der du noch nicht hundertprozentig vergeben hast, oder irgendein stressvoller Glaubenssatz. Erlaube dir, die konkrete Situation, in der dieser Gedanke aufgetaucht ist, vor deinem inneren Auge zu sehen. Untersuche diese Überzeugung dann schriftlich mit den folgenden Fragen und Umkehrungen.

Glaubenssatz: ....

1. Ist das wahr? (Ja oder Nein)
Bei Nein gehe zu Frage 3. ....

2. Kannst du mit absoluter Sicherheit wissen, dass das wahr ist?

(Ja oder Nein) ....

3. Wie reagierst du, was passiert, wenn du diesen Gedanken glaubst?

....

Welche Gefühle tauchen auf, wenn du diesen Gedanken glaubst?

....

Wie behandelst du dich und andere Menschen,
wenn du diesen Gedanken glaubst?

....

....

4. Wer wärst du ohne den Gedanken?

....

....

....

Kehre den Gedanken um.
Beispiel einer Aussage: Er hat mich verletzt.

Mögliche Umkehrungen:
Ich habe mich verletzt.
Ich habe ihn verletzt.
Er hat mich nicht verletzt.
Er hat mir geholfen.

Finde konkrete Beispiele, wie in deiner Situation jede der Umkehrungen für dich genauso wahr oder wahrer ist.

....

....

....

....

....

....

....

© 2019 Byron Katie International, Inc.
Alle Rechte vorbehalten. thework.co

Arbeitsblatt
»Urteile über deinen Nächsten«

Denke an eine stressvolle Situation mit jemandem, zum Beispiel an einen Streit. Sieh diese Situation konkret vor deinem inneren Auge und lass sie und den dazugehörigen Schmerz wiederaufleben, während du dieses Blatt ausfüllst. Erlaube dir, aus dem Stress der Situation heraus zu schreiben; erlaube dir, so emotional zu sein. Verwende kurze, einfache Sätze.

1. In dieser Situation: Wer ärgert dich, verwirrt dich, verletzt dich, macht dich traurig oder enttäuscht dich – und warum?

Ich bin .... auf/wegen ....
     Gefühl   Name

weil ....

....

Bsp.: Ich bin wütend auf Paul, weil er mich belogen hat.

2. In dieser Situation: Wie willst du, dass er/sie sich ändert? Was willst du, dass er/sie tut?

Ich will, dass ....
        Name

....

Bsp.: Ich will, dass Paul sieht, dass er unrecht hat. Ich will, dass er aufhört mich zu belügen.

3. In dieser Situation: Welchen Rat würdest du ihm/ihr anbieten? »Er/Sie sollte / sollte nicht ...«

.... sollte / sollte nicht ....
   Name

....

Bsp.: Paul sollte mich mit seinem Verhalten nicht verängstigen.

4. Damit du in dieser Situation glücklich sein kannst:
Was brauchst du, dass er/sie denkt, sagt, fühlt oder tut?

Ich brauche von ...., dass ....
                                   Name

....

....

....

Bsp.: Ich brauche von Paul, dass er mich nicht unterbricht.

5. Was denkst du über ihn/sie in dieser Situation? Erstelle eine Liste.
(Es ist in Ordnung, kleinlich und beurteilend zu sein.)

.... ist ....
              Name

....

....

Bsp.: Paul ist ein Lügner, arrogant, laut, unehrlich und unbewusst.

6. Was ist es bezüglich dieser Person und dieser Situation,
das du nie wieder erleben willst?

Ich will nie wieder ....

....

....

....

Bsp.: Ich will nie wieder erleben, dass Paul mich belügt. Ich möchte nie wieder missachtet werden.

© 2019 Byron Katie International, Inc. Alle Rechte vorbehalten. thework.co

Selbstbegleitung:
Untersuche eine Überzeugung mit The Work

Trage in der »Glaubenssatz«- Leerzeile einen belastenden Glaubenssatz ein. Es könnte eine Aussage eines »Urteile über deinen Nächsten«-Arbeitsblattes sein, ein stressvoller Glaubenssatz über eine (lebende oder verstorbene) Person, der du noch nicht hundertprozentig vergeben hast, oder irgendein stressvoller Glaubenssatz. Erlaube dir, die konkrete Situation, in der dieser Gedanke aufgetaucht ist, vor deinem inneren Auge zu sehen. Untersuche diese Überzeugung dann schriftlich mit den folgenden Fragen und Umkehrungen.

Glaubenssatz: ....

1. **Ist das wahr?** (Ja oder Nein)
Bei Nein gehe zu Frage 3. ....

2. **Kannst du mit absoluter Sicherheit wissen, dass das wahr ist?**

(Ja oder Nein) ....

3. **Wie reagierst du, was passiert, wenn du diesen Gedanken glaubst?**

....

Welche Gefühle tauchen auf, wenn du diesen Gedanken glaubst?

....

Wie behandelst du dich und andere Menschen,
wenn du diesen Gedanken glaubst?

....

....

4. Wer wärst du ohne den Gedanken?

....

....

....

Kehre den Gedanken um.
Beispiel einer Aussage: Er hat mich verletzt.

Mögliche Umkehrungen:
Ich habe mich verletzt.
Ich habe ihn verletzt.
Er hat mich nicht verletzt.
Er hat mir geholfen.

Finde konkrete Beispiele, wie in deiner Situation jede der Umkehrungen für dich genauso wahr oder wahrer ist.

....

....

....

....

....

....

....

© 2019 Byron Katie International, Inc.
Alle Rechte vorbehalten. thework.co

Wer ist Byron Katie?

Byron Katie, geborene Byron Kathleen Reid, ist die Begründerin von The Work. Sie hat diese Methode entwickelt, nachdem sie Mitte der 1970er-Jahre in eine schwere Depression gefallen war. Sie wurde alkohol- und medikamentenabhängig und verließ zwei Jahre lang ihr Schlafzimmer nur selten. Sie litt unter Panikattacken, Wut und Wertlosigkeit. Eines Morgens erwachte sie ohne Leid. Ohne, dass Katie meditiert hätte oder andere spirituelle Praktiken ausgeübt hatte, fühlte sie plötzlich nur Frieden und Freude. Aus diesem schwerelosen Augenblick heraus konnte sie spüren, dass ihr Befinden sich verschlechterte, sobald bestimmte Gedanken auftauchten. Sie bemerkte: Würde sie diesen Gedanken wieder Glauben schenken, wären auch ihr Leid und ihre Verzweiflung zurück. Wenn sie den Wahrheitsgehalt dieser Gedanken prüfte, lösten diese sich auf, verschwanden, und es ging ihr wieder gut. Das war der Kern dessen, was später als The Work bekannt geworden ist.

»Ich erkannte, dass ich leide, wenn ich meine Gedanken glaube, und dass ich nicht leide, wenn ich sie nicht glaube – und dass dies auf jeden Menschen zutrifft.
So einfach ist Freiheit. Ich habe entdeckt, dass Leiden freiwillig ist. Ich habe eine Freude in mir gefunden, die nie mehr verschwunden ist, für keinen Moment. Diese Freude ist in uns allen – immer.«

Byron Katie

7. Monat

Die Aufmerksamkeit lenken

Erwachst du manchmal wie aus einem Traum und fragst dich, wo du mit deiner Aufmerksamkeit eigentlich gerade warst? Deine Gedanken können dich für längere Zeit in vergangenen Situationen festhalten. Du führst innere Monologe oder Dialoge, versuchst, Argumente nachzureichen oder zu erreichen, dass dein Gegenüber endlich versteht, was du ihm sagen willst. Und das, obwohl die Situation vielleicht schon zehn oder zwanzig Jahre her und die Person gar nicht anwesend ist. Genauso kann dein Verstand auch vorauseilen und versuchen, mögliche Gefahren in der Zukunft abzuwehren, indem er den unmöglichen Versuch unternimmt, Dinge so gut zu planen, dass nichts schiefgehen kann.
Wie oft sind die Gedanken, die du in diesen Momenten denkst, stressig und belastend? Und wie ist es um deine Laune und deinen Energielevel bestellt, wenn du aus solchen Geschichten auftauchst?

Byron Katie sagt dazu:
»Wenn du Angst erleben willst, denk an die Zukunft. Wenn du Scham und Schuld erleben möchtest, denk an die Vergangenheit.«

Dabei sind 98 Prozent von dem, was Angst in dir auslöst, lediglich Vorstellungen in deinem Kopf, keine realen Bedrohungen. Es sind Geschichten à la »was wäre wenn«-Szenarien, die du dir ausmalst.

Stell dir für einen Moment vor, du wärest nicht fähig, in die Zukunft zu denken. Hättest du dann noch Angst?

Mit hoher Wahrscheinlichkeit bliebe dir dann nur die Angst, die in tatsächlich gefährlichen Momenten in dir zu spüren ist. Wenn es brennt, du in einen Verkehrsunfall verwickelt bist oder auf irgendeine Art angegriffen wirst. Dies deutlich zu sehen kann für Menschen, die unter Angstsymptomen leiden, sehr erlösend sein. Genauso wie beinahe alles Nachdenken über die Vergangenheit nutzlos ist, denn sie ist unwiderruflich vorbei. Es sei denn, du denkst praktisch darüber nach, um hilfreiche Schlüsse daraus zu ziehen.

Sich gedanklich viel in der Zukunft oder der Vergangenheit aufzuhalten, ist nicht nur kräftezehrend und belastend, du verpasst dadurch auch das Beste: den jetzigen Moment, in dem alles stattfindet, in dem du dich lebendig fühlen und etwas erleben kannst. Hast du die Fähigkeit, deine Aufmerksamkeit immer wieder ins Hier und Jetzt zu lenken, kommst du schneller wieder ins richtige Leben zurück. Deine Aufmerksamkeit lenken zu können hat noch einen weiteren, lebenswichtigen Vorteil: In unserem Alltag buhlen E-Mails, Textnachrichten, Werbeplakate, Social Media, die neuesten Nachrichten – also die gesamte Informations- und Werbeindustrie – um unsere Aufmerksamkeit. Kannst du deine Aufmerksamkeit nicht lenken, können alle diese Ablenkungen dich davon abhalten, das zu tun, was sich für dich sinnvoll anfühlt und dir ein Gefühl von Zufriedenheit gibt.

Was du in diesem Monat loslassen kannst:

- das Gedankenkreisen in inneren Monologen oder Dialogen.
- das Reagieren-Müssen auf den stärksten Reiz, der von außen kommt.

137

1. Woche

Deine Aufmerksamkeit in den Moment holen

Hast du schon erlebt, dass du etwas befürchtet hast, was dann nie eingetreten ist? Wie schön, dass es nicht eingetreten ist – den Stress hast du aber trotzdem gefühlt, und zwar in dem Moment, wo du die Befürchtung geglaubt hast und den dazugehörigen Bildern gefolgt bist.

Nimm in dieser ersten Woche daher bewusst wahr, wenn du dich innerlich mit stressigen Themen beschäftigst, und prüfe, ob es etwas ist, das bereits der Vergangenheit angehört oder einer von dir angenommenen Zukunft. Es kann sein, dass du es erst bemerkst, wenn du schon eine Weile in diesen Gedanken versunken bist. Sei deswegen nicht ungeduldig, du befindest dich in einem Lernprozess, in dem es nicht nur steil nach oben geht. Ich empfehle dir, in jedem Fall freundlich mit dir zu sein. Wenn du diese Übung eine Weile machst, wirst du derartige Gedanken immer schneller bemerken.

Stopp sagen

Sag, sobald du bemerkst, dass deine Aufmerksamkeit in unproduktiven Gedanken, Monologen oder Dialogen hängt:

1. STOPP!
2. Dann halte inne und bemerke, wie es sich anfühlt, mit deiner Aufmerksamkeit bei diesem Thema zu sein.
3. Öffne dich für das, was du jetzt gerade wahrnehmen kannst (siehe 5. Monat ab Seite 68). Was kannst du spüren, sehen, hören, riechen oder schmecken?
4. Nimm wahr, wie es sich anfühlt, mit deiner Aufmerksamkeit wieder im jetzigen Moment angekommen zu sein.

Wenn du das ein paarmal gemacht hast: Wie fühlt es sich jedes Mal aufs Neue an, wenn du in den jetzigen Moment zurückkehrst?

Kannst du die Geschichten identifizieren, die sich in deinem Kopf befanden, als du STOPP gesagt hast? Sind das vielleicht immer die gleichen? Stecken da Glaubenssätze dahinter, die du mit The Work überprüfen könntest?

Ich hatte einige Jahre ein paar Dauerbrennergeschichten, die mich erst losgelassen haben, als ich mithilfe von The Work sehen konnte, dass sie nicht auf die Weise »wahr« waren, wie ich vorher geglaubt habe. Wenn es dir also nicht gelingt, die Geschichten in deinem Kopf zu stoppen, könntest du das Gegenteil tun und ihnen zuhören, sie auf ein Arbeitsblatt (siehe Extrateil zu The Work) bringen und überprüfen.

Welche Geschichten sind es, die wieder und wieder in dir zum Vorschein kommen und sich nicht mit einem STOPP aufhalten lassen?

2. Woche

Deine
Aufmerksamkeit
gebrauchen

Eine andere hilfreiche und ungemein praktische Möglichkeit, um deine Aufmerksamkeit zu lenken, ist die: Suche dir zwei, drei Themen, die dich gerade interessieren, etwas, das du realisieren, unternehmen oder in dein Leben holen möchtest. Schreibe sie auf einen Zettel und hänge ihn dorthin, wo du ihn immer mal wieder siehst. Oder speichere sie dir in einer Erinnerungs-App auf dein Handy. Sobald du bemerkst, dass du auf eine belastende oder unangenehme Weise gedanklich in der Vergangenheit oder Zukunft bist, **sage dir:**

Stopp sagen

1. STOPP!
2. Halte inne und nimm wahr, wie es sich anfühlt, mit deiner Aufmerksamkeit bei diesem stressigen Thema zu sein.
3. Lenke deine Aufmerksamkeit nach dem STOPP ganz bewusst auf eins der Themen, die dich interessieren und über die du sowieso nachdenken möchtest. Wenn dein Verstand sich gerade mit Nachdenken beschäftigen will, dann kannst du ihm so eine Möglichkeit bieten, es auf fruchtbare Weise zu tun.
4. Nimm wahr, wie sich das anfühlt.

Welche Themen interessieren dich gerade? Was hat dich zuletzt richtig gepackt, bewegt, fasziniert oder inspiriert?

3. Woche

Deine Aufmerksamkeit bei dir behalten

Deine Aufmerksamkeit ist ein wertvolles Gut. Um sie lenken zu können, ist es hilfreich, wenn dir auffällt, wann du dich ablenken lässt. Achte in dieser Woche darauf, wann du dich von einem äußeren Reiz von dem abbringen lässt, was du gerade tun wolltest. Wenn es dir auffällt, sage:

Stopp sagen

1. STOPP!

2. Beobachte, ohne dich zu schelten, was da genau geschieht und wie es sich anfühlt, dich (immer wieder) von deinen Vorhaben abbringen zu lassen.

3. Erlaube dir, dieses Gefühl (eventuell Unzufriedenheit oder Ärger) in voller Gänze zu fühlen (siehe die Erlauben-Meditation auf Seite 15).

4. Lenke deine Aufmerksamkeit wieder auf das, was du tun wolltest, und bedanke dich bei dir, dass du dich entschieden hast zu lernen, wie du deine Aufmerksamkeit bei dir behalten kannst.

5. Nimm wahr, wie sich das anfühlt.

Gerade von Werbung, im Fernsehen, im Internet und auf Plakaten, lassen wir uns oft ablenken. Mach dir klar, dass hier kraftvolle Strategien dahinterstehen, die extra dafür erdacht worden sind, deine Aufmerksamkeit auf eine bestimmte Sache zu richten (und zwar keine, die du selbst bewusst gewählt hast). Kannst du freundlich mit dir sein, auch wenn es dir schwerfällt, deinen Fokus auf dem zu halten, was du selbst möchtest?

Was hat die Kraft, dich von dem abzubringen, was du gerade tun wolltest?

4. Woche

Rituale etablieren

In den ersten drei Wochen dieses Monats hast du dir bewusst gemacht, wie und wovon du dich ablenken lässt. Und du hast geübt, deine Aufmerksamkeit freundlich zu dir zurückzuholen.

Konntest du in der vergangenen Woche ein paar typische Reize ausmachen, die es immer wieder schaffen, deine Aufmerksamkeit von dem abzuziehen, womit du dich eigentlich beschäftigen wolltest? Welche Rituale könntest du etablieren, die dir dabei helfen, den Fokus auf dem zu halten, was du wirklich tun, womit du dich inhaltlich beschäftigen oder was du mal ausprobieren möchtest?

Beispiele für Reize, die die Kraft haben, mich abzulenken:
Mein Smartphone/Facebook/Instagram/Apps/Spiele auf dem Smartphone/eine Freundin ruft an/Mein Kind will etwas.

Was kann ich dagegen tun?

- Ich stelle die Klingeltöne aus und werde so nicht bei jeder eintreffenden Nachricht animiert, auf das Handy zu schauen.
- Ich stelle Push- und ähnliche Benachrichtigungen aus, sodass auf dem Display nicht dauernd etwas aufploppt oder Geräusche macht.
- Ich lege das Handy zu bestimmten Zeiten weg/oder schalte es aus.
- Ich deinstalliere bestimmte Apps.

Ein Freund von mir hat zu Hause gar kein W-LAN, als Vorbeugung, um vor dem Internet weitestgehend Ruhe zu haben. Stattdessen liest er zu Hause Bücher, unterhält sich mit Freunden, kocht oder meditiert.

Rituale können starke Helfer sein, wenn sie automatisiert ablaufen. Es braucht eine Weile, bis sie etabliert sind, doch dann zahlen sie sich doppelt und dreifach aus. Ich zum Beispiel habe eine Weile gebraucht, um mich zu einer halben Stunde Yoga am Morgen durchzuringen. Immer wieder konnte ich spüren, wie viel leichter ich danach in den Tag gestartet bin. Und seit ich das regelmäßig mache, ist diese halbe Stunde ein Ritual geworden und ich muss mich gar nicht mehr durchringen. Ich bin viel wacher und geistig klarer (und schneller) bei allem, was ich anpacke.

Ein äußerer Reiz, der die Kraft hat, dich abzulenken:

....

Welches Ritual könntest du etablieren, um Herr*in deiner Aufmerksamkeit zu sein?

....

Ein weiterer Reiz, der die Kraft hat, dich abzulenken:

....

Welches Ritual könntest du etablieren, um Herr*in deiner Aufmerksamkeit zu sein?

....

Ein weiterer Reiz, der die Kraft hat, dich abzulenken:

....

Welches Ritual könntest du etablieren, um Herr*in deiner Aufmerksamkeit zu sein?

....

Resümee

7. Monat

Deine Erfahrungen:

....

....

....

....

....

Deine Erkenntnisse:

....

....

....

....

....

Welche Übung hat dir besonders gut gefallen?

....

....

....

....

....

Was war dir neu?

....

....

....

....

....

Was möchtest du weiter üben und wie?

....

....

....

....

....

Was konntest du loslassen?

....

....

....

....

....

8. Monat

Das Geschenk der Kritik

Was bedeutet es für dich, wenn du kritisiert wirst? Was löst allein das Wort »Kritik« in dir aus? Welche Erinnerungen tauchen da auf? Vielleicht hat Kritik dich schon mal von jemandem entfernt oder bewirkt, dass du dich klein und schutzlos, ja sogar vernichtet gefühlt hast. Vielleicht hast du daher Mühe, mit Kritik umzugehen, hast Angst vor ihr und versuchst, ihr auszuweichen?

Wie wäre es, wenn du dich vor Kritik nicht mehr fürchten würdest? Nicht vor deiner eigenen Kritik an dir und auch nicht vor der anderer Menschen? Stell dir vor, du müsstest keine deiner Eigenschaften mehr verstecken, verheimlichen oder aus Angst vor Kritik ausklammern. Wie würde es sich anfühlen, wenn du nichts von dem, was du bist, ablehnen müsstest, sondern alles, was durch dich gelebt werden will, willkommen heißen könntest? Auch dann, wenn andere es kritisieren?
Nimm dir einen Moment Zeit, um das zu spüren. Ist dieser Zustand für dich vorstellbar? Und wie fühlt er sich an?

Ein produktiver Umgang mit Kritik:

- kann dir in deiner Selbsterkenntnis und Entwicklung enorm helfen.
- kann deine Beziehungen verbessern und vertiefen.
- kann bereichernd sein und Verbindung schaffen.
- zeigt dir, dass du dich nicht verbiegen oder zurücknehmen musst, damit andere dich nur ja mögen.

Kritik, die andere an dir äußern, ist ja erst einmal nur ihre Sichtweise. Eine Art, wie andere Menschen etwas wahrgenommen und interpretiert haben. Es sind ihre Gedanken – und die müssen nicht unbedingt wahr sein.
Wir alle tragen Meinungen mit uns herum, und Meinungen können sich ändern. Je nachdem in welcher Tagesform wir gerade sind, welche Informationen uns zur Verfügung stehen oder wie wir das Wahrgenommene bewerten. Kannst du die Kritik, die von jemand anderem geäußert wird, zunächst einmal lediglich als seine Gedanken über dich sehen, bist du in der Lage, ruhiger anzuhören, was der-

jenige zu sagen hat. Und das kann hilfreich sein, denn Kritik kann dir etwas über dich zeigen. Besonders dann, wenn sie dich ärgert, schmerzt oder verletzt. Meist bist du in solchen Fällen nicht bereit, einen bestimmten Teil von dir (den kritisierten) zu sehen und anzunehmen. Vielleicht möchtest du einem bestimmten Selbstbild entsprechen und lehnst Eigenschaften ab, die nicht zu diesem Bild passen? Versuchst du, diese Eigenschaften vor andern zu leugnen oder zu verstecken? Klingt anstrengend, oder? Fürchtest du dich vor Kritik, gibst du dir Mühe, bestimmte Situationen, Menschen und Umstände zu vermeiden. Das engt dein Lebensgefühl vermutlich ziemlich ein. Kannst du Kritik nicht willkommen heißen, wird sie dich schockieren, stressen oder klein machen, wenn sie von anderen geäußert wird.

Wie wäre dein Leben, wenn du Kritik als ein Geschenk zur Selbsterkenntnis betrachten könntest? Nur mal angenommen, du könntest das?

....

....

....

....

Was du in diesem Monat loslassen kannst:

- viel Zeit auf die Abwehr von Kritik zu verwenden.
- die Angst vor Auseinandersetzungen.
- den Druck, dich, nachdem du kritisiert wurdest, erklären oder rechtfertigen zu müssen.

1. Woche

Kritische Äußerungen erlauben

Reagierst du allergisch auf Kritik? Fängst du unmittelbar, nachdem du kritisiert worden bist, an, dein Gegenüber davon überzeugen zu wollen, dass es sich ja gar nicht so verhält, wie er/sie glaubt?

Wie würde es sich für dich anfühlen, wenn du dich in dem Moment, wo dich jemand kritisiert, zurücklehnen könntest, drei tiefe Atemzüge nehmen würdest und nicht gleich re-agieren müsstest? Wie wäre das?

....

....

....

1. Finde eine konkrete Situation, in der du kritisiert wurdest (es darf auch eine Kleinigkeit sein).

....

....

2. Schau dir die Situation vor deinem inneren Auge noch mal genau an und achte darauf, welche Anzeichen du wahrnehmen kannst, dass jemand gleich Kritik üben wird.

....

....

Dann stell dir vor, du würdest denjenigen ausreden lassen und einen Teil deiner Aufmerksamkeit dabei auf deinen Atem richten (tiefes Ein- und Ausatmen kann dein Nervensystem beruhigen). Erlaube dir, die Situation noch einmal zu erleben, zu hören, was der andere sagt, zu sehen, wie er/sie dabei aussieht (falls du denjenigen gesehen hast) und dabei in Ruhe durchzuatmen. Deine Aufmerksamkeit liegt auf dem Atmen ... und du lässt den anderen sagen, was er/sie sagen will ... ohne gleich zu reagieren.
Wie ist das in deiner Vorstellung für dich? Was verändert sich im Vergleich zu der Situation, die du real erlebt hast? Inwiefern fühlt sich dein Körper jetzt anders an?

....

....

PS: Mit dieser Übung möchte ich dir nicht sagen, dass du alle Menschen, die Kritik an dir üben, immer ausreden lassen sollst. Sie kann einfach nur als Erfahrung für dich dienen, um dir im Umgang mit Kritik mehr Wahlmöglichkeiten zu geben.

Wenn das für dich gerade eine angenehme Übung war, dann erinnere dich in dieser Woche noch an weitere Situationen, in denen jemand Kritik an dir geübt hat, und erlaube dir, die jeweilige Situation noch einmal anders zu erleben.
Stell dir vor, wie du dein Gegenüber Kritik an dir üben lässt und du während des Zuhörens mit deiner Aufmerksamkeit auch bei deinem Atem bist. Was ändert sich dadurch für dich? Wie fühlt sich dein Körper an? Je ausführlicher du dir die jeweilige Situation vorstellst, umso stärker prägt sich dies als eine Erfahrung ein.

2. Woche

*Wie du
Kritik prüfen kannst*

Erinnere dich an eine Situation in deinem Leben, in der du kritisiert wurdest: Lass diese Situation vor deinem inneren Auge lebendig werden: Wo bist du genau und was tust du?

Sieh die Person vor dir, wie sie Kritik an dir oder deinen Verhaltensweisen übt. Kannst du erkennen, dass es ihre Gedanken sind?
Gedanken, die ihrem Wertesystem, ihren Erfahrungen und ihren Interpretationen entspringen? Jeder Mensch sieht die Welt durch seine eigenen Filter. Und wenn du diese Person klar vor Augen hast, schau, ob du den Satz vervollständigen kannst:

Die Person sagt das gerade auf diese Art, weil *sie* (nicht weil ich)

Mal angenommen, du weißt, dass die Kritik wenig mit dir selbst zu tun hat, wie kannst du mit der Person und ihrer Kritik umgehen? Kannst du zu der Person sagen: »Verstehe, so siehst du das.« oder: »Aha«, und dir dabei im Klaren darüber sein, dass die Kritik nicht viel mit dir zu tun haben muss?

Lege in dieser Woche in Gesprächen immer mal wieder den Fokus darauf, dass nicht alles, was Menschen sagen, auch wahr ist. Sie äußern eine Meinung oder erzählen dir die Geschichte, die sie halt gerade glauben. Das muss nicht unbedingt etwas mit dir zu tun haben.

Wenn das hilfreich für dich ist, kannst du dafür den folgenden Satz vervollständigen:

Diese Person äußert sich so kritisch, hat schlechte Laune, ist genervt etc. weil sie wahrscheinlich... (und dann finde drei Beispiele, was mit dieser Person los sein könnte, die nichts mit dir zu tun haben):

- glaubt, dass Kritik angebracht ist.
- schlecht geschlafen hat.
- zu wenig Freizeit hat.

Deine Beispiele:

Erlaube dir zu spüren, wie die gleiche Situation sich anfühlen würde, wenn sie genauso wäre, wie sie ist, du das Gesagte aber nicht persönlich nehmen und es nicht auf dich beziehen würdest. Meist sind diese Beispiele nur Vermutungen, von denen wir nicht genau wissen können, ob die Person das gerade tatsächlich so denkt/fühlt/erlebt hat. Doch auch, wenn das nur Vermutungen sind, ermöglicht diese Übung dir, ein Gefühl dafür zu entwickeln, dass du vielleicht beim anderen etwas getriggert hat, nicht aber die Ursache für seinen Ärger und die Art bist, wie derjenige Kritik äußert. Versuche, eine Interpretation zu finden, die tatsächlich stimmen könnte. Je besser du die Menschen kennst, mit denen du die Übung machst, umso mehr Informationen hast du zu den möglichen Gründen, warum sie gerade auf diese Art Kritik üben oder diese Sache überhaupt so kritisch sehen.

Es geht bei dieser Übung nicht darum, Kritik abzuwehren, sich davor zu verschließen oder dem anderen die Schuld in die Schuhe zu schieben. Es geht lediglich darum, sich vor Augen zu führen, dass Kritik und auch die Art, wie Kritik geäußert wird, mit dem Leben der kritisierenden Person zu tun hat und nicht zwingend auch mit einem selbst.

Deine Beispiele:

....

....

....

....

....

....

....

....

3. Woche

Kritik als Geschenk ansehen

Und jetzt kommt die Königsdisziplin: Kritik sogar als ein Geschenk anzusehen. Halte dafür Ausschau nach dem Anteil, der an der geäußerten Kritik wahr sein könnte. Womit hat derjenige recht, der dich gerade kritisiert? Und wie kann dir diese Einsicht in deiner Entwicklung helfen? Bei einer Entwicklung, die du vielleicht sowieso selbst machen willst?

Ein Beispiel von mir:

Ich war mit meiner Schwester in einem Café verabredet und habe sie sofort nach der Begrüßung gefragt, ob sie schwanger sei. Meine Schwester hat kritisiert, dass ich ihr durch meine sofortige Frage die Möglichkeit genommen hätte, mir von sich aus diese große Neuigkeit mitzuteilen. Das hat sie genervt.

Was davon könnte wahr sein? Ich bin tatsächlich mit meiner Vermutung gleich zu Beginn des Treffens herausgeplatzt. Wahr ist auch: Sie hatte nicht die Möglichkeit, es mir von sich aus zu erzählen.

Wie würde es sich anfühlen, wenn ich die Kritik annehmen könnte? Ich würde mich mit meiner Schwester verbunden fühlen. Bin ich offen für Kritik, kommt mir sogar eine Situation in den Sinn, wo es mich auch schon mal genervt hat, dass jemand mir den Wind aus den Segeln genommen hat. So kann ich meine Schwester noch besser verstehen.

Was würde sich für mich verbessern, wenn ich den Inhalt dieser Kritik als etwas sehen könnte, das mich unterstützen und voranbringen kann (also als ein Geschenk)?

Während ich das schreibe, erinnere ich mich, dass ich in der Situation im Café von meiner Schwester dafür bewundert werden wollte, dass ich ihre Schwangerschaft schon geahnt hatte. Als würde ich damit angeben wollen, sie besonders gut zu kennen und besonders feinfühlig oder aufmerksam zu sein. Durch ihre Kritik kann ich deutlich spüren, dass uns ein solches Verhalten eher trennt als verbindet, und dieses Wissen kann ich auch in Begegnungen mit anderen Menschen mitnehmen.

Jetzt du:
Finde noch einmal eine Situation aus deinem Leben, in der du kritisiert wurdest (von deinen Eltern, in der Schule, bei der Ausbildung, von Chefs, Freunden oder von deinem Partner). Wie war die Situation und worin bestand die Kritik:

....

....

....

....

Was an der Kritik könnte wahr sein?

Wie würde es sich anfühlen, wenn du das annehmen könntest?

Was würde sich für dich verbessern, wenn du den Inhalt dieser Kritik als etwas sehen könntest, das dich unterstützen und voranbringen kann? Inwiefern könnte dir diese Kritik nützlich sein?

Finde noch eine weitere Situation aus deinem Leben, in der du kritisiert wurdest:

Worin bestand die Kritik:

Was an der Kritik könnte wahr sein?

Wie würde es sich anfühlen, wenn du das annehmen könntest?

Was würde sich für dich verbessern, wenn du den Inhalt dieser Kritik als etwas sehen könntest, das dich unterstützen und voranbringen kann? Inwiefern kann dir diese Kritik nützlich sein?

4. Woche

Um Kritik bitten

Eine gute Übung, mit der du dein Leben aufräumen kannst, ist: Bitte andere um eine kritische Rückmeldung.

Gibt es eine Arbeit, die du gemacht hast und von der du nicht weißt, wie andere sie finden? Vielleicht hast du dir zu einem früheren Zeitpunkt mal Kritik verbeten? Oder mit jemandem um den heißen Brei herumgeredet, anstatt klar zu sein? Dann kannst du in dieser Woche (und für den Rest deines Lebens) die Menschen, mit denen du zu tun hast, darum bitten, kritisch zu sein. Das ist dein Trainingsprogramm, das dir hilft, Kritik ins Gesicht zu schauen und daraus etwas für dein Leben zu lernen. Mit den Tools der ersten drei Wochen hast du hilfreiche Werkzeuge, die dir helfen, auf gesunde, konstruktive Weise damit umzugehen. Wahrscheinlich kannst du nicht immer alles gleichzeitig anwenden ... wenn du magst, sieh es einfach als ein Experiment!

Du kannst:

1. ruhig durchatmen während der andere spricht.

2. den anderen ausreden lassen (auch wenn es absurd klingt, was er zu sagen hat).

3. wahrnehmen, dass die Kritik des anderen eine Meinung ist, eine Sichtweise, die aus seinen persönlichen Werten und Ansichten entstanden ist.

4. dich, während du zuhörst, fragen, was von der Kritik wahr sein könnte und was du durch diese Hinweise lernen kannst, wie sie dir für dein Leben nützlich sein können.

Vielleicht hast du ja auch noch eigene Ideen, die dir helfen, Kritik als ein Geschenk anzusehen:

....

....

....

....

....

....

....

Resümee

8. Monat

Deine Erfahrungen:

....
....
....
....
....

Deine Erkenntnisse:

....
....
....
....
....

Welche Übung hat dir besonders gut gefallen?

....
....
....
....
....

Was war dir neu?

....
....
....
....
....

Was möchtest du weiter üben und wie?

....
....
....
....
....

Was konntest du loslassen?

....
....
....
....
....

9. Monat

Unliebsame Gewohnheiten ändern

Wenn du auf dein Leben schaust: Wie viele der Dinge, die du regelmäßig tust, tust du, weil sie dir wirklich Freude machen, dich erfüllen, dich weiterbringen, dein Herz hüpfen lassen? Und wie viel tust du, weil »man« es eben so macht, weil es alle tun, weil du es schon immer so gemacht hast oder weil du anecken würdest, wenn du dich anders verhieltest? Überholte, unreflektierte Gewohnheiten, die dir nicht nutzen und dich nicht weiterbringen, kannst du auflösen und stattdessen neue, hilfreiche etablieren.

Bei mir selbst bemerke ich, wie manche meiner Reaktionen oder Verhaltensweisen wie automatisiert ablaufen. Manchmal fällt mir auf, »Hey, so wollte ich doch gar nicht mehr reagieren« – und tue es dann doch. Warum? Weil ich mir diese Reaktion angewöhnt habe, über Jahre oder Jahrzehnte hinweg. Dadurch haben sich in meinem Gehirn neuronale Bahnen gebildet, die, sobald ein entsprechender Auslöser auftaucht, automatisch diese Reaktion abspulen. Ohne dass ich mich bewusst dafür entscheide oder darü-

ber nachdenke. Kennst du das auch? Die gute Nachricht ist: Wir können solche eingefahrenen Gewohnheitsmuster bemerken und dann bewusst anders reagieren. Dadurch werden die entsprechenden neuronalen Bahnen nicht mehr benutzt und lösen sich nach und nach auf. Gleichzeitig können wir neue Gewohnheiten ausbilden, die wir gern hätten und die uns nützlich sind. Besonders gut geht das, wenn uns keine starren Glaubenssätze daran hindern. Dafür haben wir The Work (siehe Extrateil).

Welche Art von Gewohnheiten wir etabliert haben, bestimmt in wesentlichem Maße, ob wir unser Leben als leicht oder schwer empfinden. Mit nützlichen Gewohnheiten fühlt sich das Leben erheblich leichter an. Wir haben den Kopf frei für das, was uns wirklich wichtig ist. Nützliche Gewohnheiten sind wie Heinzelmännchen, die im Hintergrund Arbeit für uns erledigen, helfen und uns unterstützen. Diese Heinzelmännchen arbeiten Tag und Nacht, machen keinen Dreck und verlangen keine Bezahlung.

Was du in diesem Monat loslassen kannst:

- von ungünstigen Handlungsmustern gesteuert zu werden.
- verstaubte Gewohnheiten, die sich nicht lebendig anfühlen.
- die Überzeugung, dass es schwer ist, etwas in deinem Leben zu verändern.

1. Woche

Ist es möglich, Gewohnheiten zu ändern?

Lass deine Aufmerksamkeit durch dein bisher gelebtes Leben streifen: Welche Gewohnheiten hast du bereits geändert? Und welche haben sich von allein geändert? Finde mindestens drei Gewohnheiten, die du geändert hast oder die sich selbst verändert haben. Mach dir bewusst, dass dies in deinem Leben schon vorgekommen ist und dass es ergo möglich ist, neue Gewohnheiten zu etablieren.

Beispiele von mir:

Ich bin von einer Fleischfresserin zur Vegetarierin mutiert, dann, nach einer Weile, zur Vegetarierin mit wenigen Ausnahmen in Bioqualität. Von morgens Toast mit einer dicken Lage Butter und Konfitüre bin ich zu einem warmen Haferbreifrühstück gewechselt, an das ich mich schnell gewöhnen konnte.

Ich fahre kaum noch Auto. In der Stadt erledige ich alles mit dem Fahrrad und freue mich über die Bewegung, die mein Körper bekommt. Für lange Strecken benutze ich die Bahn.

Ich bin zehn Jahre lang mit meinem Kind in aller Herrgottsfrühe aufgestanden, obwohl ich keine Frühaufsteherin bin und habe mich daran gewöhnt.

Das Rauchen habe ich mir abgewöhnt und Süßigkeiten weitestgehend auch.

Die Gewohnheit, mir latent Sorgen zu machen, gehört der Vergangenheit an und auch, dass ich mich ständig abgehetzt habe, war eine Gewohnheit, die ich mir abgewöhnen konnte.

Ich habe mir abgewöhnt, immer die Liebe und Nette sein zu wollen, ebenso übermäßiges, unproduktives Grübeln.

Finde einige Beispiele: Was hast du dir schon abgewöhnt?

Finde einige Beispiele: Was hast du dir schon neu angewöhnt?

Bemerke: Es ist also tatsächlich möglich, Gewohnheiten zu ändern.

2. Woche

Welche
unnützen Gewohn-
heiten wirken in dir?

Welche von deinen Gewohnheiten nützen dir nicht? Welche behindern dich sogar eher? Was machst du regelmäßig, was niemandem wirklich dient? Und welche gegenteiligen Handlungen könntest du mal ausprobieren? Magst du ein bisschen experimentieren?

Hier ein paar Beispiele:

Gewohnheit 1: Ich esse abends noch Kekse und fühle mich dann schwer.

Experimente:
• Ich kaufe einen Monat mal keine Kekse.
• Ich esse abends etwas anderes.
• Ich gehe abends spazieren.

Gewohnheit 2: Ich schimpfe mit den Kindern, wenn sie nicht machen, was ich sage.

Experimente:
• Ich beziehe sie ein, um eine gemeinsame Lösung zu finden, die für alle passt.
• Ich finde eine spielerische Lösung, die mir auch Spaß macht.
• Ich lasse die Kinder ihre Erfahrungen machen.

Finde eigene Gewohnheiten, die dich behindern, nerven, stressen und dich nicht unterstützen. Was machst du, was hast du dir angewöhnt, das du nicht besonders magst und das auch niemandem nützt?
Und mit welchem Gegenteil möchtest du mal experimentieren?

Deine Gewohnheit:

Deine Experimente:

PS: Deine Experimente werden am ehesten gelingen, wenn du dich für eine Variante entscheidest, auf die du auch Lust hast! Du solltest es spüren können, nicht dem Kopf folgen, der sagt: »Das hier müsste ich mir dringend abgewöhnen und zwar auf diese dröge, unspaßige Art, die mir besonders schwerfällt.« Wirklich: Es darf leicht gehen und Spaß machen!

3. Woche

Eingefahrene Reaktionsmuster ändern

Gibt es Anlässe, Situationen oder Menschen, bei denen du auf immer gleiche Weise reagierst, quasi automatisch und dich damit selbst langweilst oder stresst? Dann hast du eingefahrene Reaktionsmuster, die durch längeres Benutzen eine Gewohnheit geworden sind.

Zum Beispiel:

Immer, wenn mein Partner XY sagt, verdrehe ich die Augen und sage: »Du nun wieder.«
Es könnte gut sein, dass du dieses eingefahrene Reaktionsmuster selbst nicht magst und es noch nicht geschafft hast, es abzustellen.
Mögliches Experiment: Du könntest ausprobieren, das Gegenteil zu machen. Wenn mein Partner wieder XY sagt, wende ich mich ihm zu und stelle ihm drei Fragen zu dem Thema.

Ein weiteres Beispiel:

Immer, wenn du im Stau stehst, bist du angespannt.
Mögliches Experiment: Wenn du das nächste Mal im Stau stehst, könntest du dir das Hörbuch einlegen, dass du schon lange mal hören wolltest und dich freuen, dass der Stau dir die Gelegenheit dazu gibt.

Noch ein Beispiel:

Wenn deine Lieblingshose nicht mehr passt, hast du die Gewohnheit, dich zu schelten und streng mit dir zu sein.
Mögliches Experiment: Wenn die Hose wieder kneift, sei freundlich mit dir und überlege dir ganz in Ruhe einen liebevollen Weg, wie sie wieder passen könnte.

Erlaube dir absurde oder scheinbar widersinnige Experimente auszuprobieren (solange sie anderen nicht schaden), um deine Reaktionsmöglichkeiten zu erweitern. Du musst nicht traurig sein, wenn eine Verabredung ausfällt. Du musst nicht genervt sein, weil etwas nicht geklappt hat. Das sind alles nur eingefahrene Reaktionsmuster. Kannst du deine Re-Aktion von dem, was geschieht, abkoppeln?

Und jetzt du: Was sind deine eigefahrenen Reaktionsmuster, die du gern ändern würdest? Nimm dir ein bisschen Zeit oder nimm die Frage mit in deinen Tag und notiere dir dann hier deine eingefahrenen Reaktionsmuster und ein paar gegenteilige Verhaltensweisen. Dann trau dich, das Experiment zu starten und diese anderen Verhaltensweisen auszuprobieren.

Eingefahrenes Reaktionsmuster 1:

....

Mögliches Experiment:

....

Eingefahrenes Reaktionsmuster 2:

....

Mögliches Experiment:

....

Viel Spaß dabei!

4. Woche

*Frischen
Wind in dein
Leben bringen*

Du kannst ganz leicht frischen Wind in dein Leben bringen, indem du ein paar deiner Gewohnheiten veränderst. Das kann lustig sein und sich wie ein Abenteuer anfühlen, das dich nichts kostet.

Atme einmal tief durch, entspanne dich, so gut es gerade möglich ist, und dann wandere mit deiner Aufmerksamkeit durch dein Leben: In welchen Bereichen deines Alltags fühlst du dich nicht lebendig? Streng dich dafür nicht an, es genügt, wenn du dich für die Beispiele öffnest, dann werden sie eher zu dir kommen, als dass du sie suchen musst. Wo fühlt sich dein Leben grau und steif an? Was könntest du in diesem Bereich einmal anders machen? Welches Experiment oder Spiel könntest du wagen?

Hier einige Möglichkeiten. Du könntest:

- im Lebensmittelladen drei Produkte kaufen, die du noch nie gekauft hast, und schauen, was man damit so machen kann.
- Gerichte kochen, die du noch nie gekocht hast.
- auf Wegen zur Arbeit gelangen, die du noch nie gegangen oder gefahren bist.
- jemanden anrufen, den du zehn Jahre nicht gesprochen hast.
- das Handy mal zu Hause lassen.

Sollte dir nichts einfallen, kannst du dieses Thema auch mit Freunden und Familienmitgliedern besprechen und sie fragen, welchen gewohnheitsmäßigen Abläufen in ihrem Alltag sie gern etwas mehr Lebendigkeit einhauchen würden. Das kann Spaß machen! Ich habe schon mit meiner Tochter unter dem Tisch gegessen, habe Musik gehört, die ich normalerweise nicht höre, und bin mit dem Fahrrad meiner Tochter nach Hause gefahren (als sie zehn war) und sie mit meinem.

Deine Ideen:

....

....

....

....

Vielleicht hilft es dir, konkret einzelne Bereiche anzuschauen, in denen sich dein Leben nicht richtig saftig anfühlt. Was könntest du hier mal anders machen?

Arbeit:

....

....

....

....

Gesundheit/Ernährung/Sport:

Finanzen:

Liebe/Partnerschaft:

Familie/Kinder:

Persönliche Weiterentwicklung:

Freunde:

Hobbys:

PS: Wenn du eine destruktive Gewohnheit nachhaltig ändern möchtest, bleib länger dabei. Es gibt Studien, die herausgefunden haben, dass es mindestens einen Monat braucht, um die alte Gewohnheit durch die neue zu ersetzen.

Resümee

9. Monat

Deine Erfahrungen:

....
....
....
....
....

Deine Erkenntnisse:

....
....
....
....
....

Welche Übung hat dir besonders gut gefallen?

....
....
....
....

Was war dir neu?

....

....

....

....

....

Was möchtest du weiter üben und wie?

....

....

....

....

....

Was konntest du loslassen?

....

....

....

....

....

10. Monat

Wie du immer Liebe bekommst

Wäre das Leben nicht großartig, wenn du dir sicher sein könntest, jederzeit genug Liebe, Anerkennung und Wertschätzung zu bekommen?
Es ist ganz wunderbar, diese Dinge zu bekommen – und es ist alles andere als wunderbar, sich erfolglos darum zu bemühen.
Ein berühmtes Zitat von Byron Katie lautet:
»Wenn ich ein Gebet hätte, wäre es dieses: Lieber Gott, bewahre mich vor dem Verlangen nach Liebe, Anerkennung oder Wertschätzung. Amen.«

Liebe, Anerkennung und Wertschätzung zu suchen, zu ersehnen, zu erbetteln oder zu fordern, ist überaus schmerzhaft.
Wie schön frei ist das Leben hingegen, wenn wir Liebe und Wertschätzung genießen können, wenn sie uns geschenkt werden, wir uns aber nicht nach ihnen verzehren, sollten wir sie mal nicht bekommen.
Was habe ich nicht schon alles im Namen der Liebe getan! In der Hoffnung, Anerkennung und Wertschätzung von anderen zu bekommen, habe

ich mich selbst so weit verbogen und angepasst, dass ich mich in meinem eigenen Leben nicht mehr wohlgefühlt habe. Ich habe zum Beispiel:

- viel Geld für neue Kleidung ausgegeben.
- mich durch Bücher gequält, die mich nicht interessierten.
- wochenlang gehungert, um schön schlank zu sein.
- versucht, meine Herkunft zu leugnen, das Deutschsein.
- Dinge gesagt, die ich später bereute, zum Beispiel etwas versprochen.
- lauter und öfter gelacht, als mir zumute war, um dem anderen das Gefühl zu geben: Du bist lustig!
- vorsätzlich anderen geschmeichelt.
- »gern« anstrengende Aufgaben übernommen.
- Sex gehabt, ohne es wirklich zu wollen.
- sogar krank geworden bin ich in dem Wunsch, endlich mal richtig umsorgt zu werden.

Was du in diesem Monat loslassen kannst:

- dich anstrengen, verbiegen oder aufopfern zu müssen, um Liebe zu bekommen.
- die Überzeugung, dass die Liebe vor allem von einem Partner, den Eltern oder anderen dir nahestehenden Personen kommen muss.
- die Manipulation anderer Menschen, um von ihnen das zu bekommen, was du willst.

Was meinst du – habe ich durch all diese Manöver wohl Liebe bekommen? Hat Trick 17 geklappt? Du ahnst es sicher. Liebe lässt sich nicht herbeitricksen. Was ich wirklich will, ist ehrliche, wahrhafte Liebe, und die bekomme ich nicht durch Überlistung.

Das Manövrieren war anstrengend und lieblos zugleich. Ich war anderen gegenüber nicht ehrlich und stand nicht zu mir selbst. Das tut weh. Auf der Suche nach Liebe habe ich mich verloren – das war das Schlimmste daran.

Ich kann mich nicht an eine einzige Situation aus meinem Leben erinnern, in der eine solche Suche angenehm, fröhlich oder gar liebevoll gewesen wäre. Sie beginnt immer aus einem Gefühl des Mangels heraus, mit der Idee, dass ich nach Liebe suchen muss.

Es lohnt sich wirklich, diese Suche aufzugeben, und das ist unser Thema in diesem Monat: Liebe, Anerkennung und Wertschätzung zu bekommen, ohne nach ihnen suchen zu müssen.

1. Woche

Das Muster der Suche bewusst machen

Meist beginnt eine Veränderung damit, sich den Ist-Zustand vor Augen zu führen. Erforsche in dieser ersten Woche, wie du auf der Suche nach Liebe, Anerkennung und Wertschätzung in der letzten Zeit mit anderen Menschen interagiert hast. Wann wolltest du jemandem gefallen oder für etwas geschätzt werden? Auf welche Weise hast du versucht, einen anderen Menschen zu manipulieren, damit du bekommst, was du dir wünschst? Vielleicht mit deinem Tonfall, deinem Blick, deiner Körpersprache? Mit dem, was du gesagt und wie du es gesagt hast? Hast du jemandem geschmeichelt, ihn umworben, mit ihm geflirtet? Das können auch Kleinigkeiten sein: Was hast du getan oder gesagt, was nicht aufrichtig war oder schmerzhaft, um Liebe, Anerkennung und Wertschätzung (kurz LAW) zu bekommen? Kannst du eine konkrete Situation finden?

Die folgende Übung habe ich von Byron Katie »geklaut«, weil ich sie so hilfreich finde.

Deine Situation:

Was wolltest du von dem anderen? Wie wolltest du gesehen werden?

Wie und womit hast du den anderen manipuliert?
(Schmeicheln, Blick, Tonfall. Hast du etwas versprochen? Was hast du gesagt,
um LAW zu bekommen?)

Was war in der Situation der Nachteil daran, nach LAW zu suchen? Was fühlte sich daran nicht gut an?

Wie wäre deine Situation gewesen, wenn du nicht nach LAW gesucht hättest? Fühle das eine Weile, damit dieses Gefühl eine Erfahrung wird.

Denke an andere Situationen in deinem Leben, als du der Suche nach LAW widerstanden hast. Was hat dir daran gefallen? Wie hat es sich angefühlt?

Wie wäre dein ganzes Leben, wenn du diese Suche
aufgeben könntest?

Finde noch ein weiteres Beispiel für deine Suche nach LAW.
Wie war die Situation:

Was wolltest du von dem anderen?
Wie wolltest du gesehen werden?

Wie und womit hast du den anderen manipuliert?
(Schmeicheln, Blick, Tonfall. Hast du etwas versprochen? Was hast du gesagt,
um LAW zu bekommen?)

....

....

....

....

....

....

Was war in der Situation der Nachteil daran, nach LAW zu suchen?
Was fühlte sich daran nicht gut an?

....

....

....

....

....

Wie wäre deine Situation gewesen, wenn du nicht nach LAW gesucht hättest? Fühle das eine Weile, dieses Gefühl soll eine Erfahrung werden.

Denke an andere Situationen in deinem Leben, als du der Suche nach LAW widerstanden hast. Was hat dir daran gefallen? Wie hat es sich angefühlt?

Wie wäre dein ganzes Leben, wenn du diese Suche aufgeben könntest?

2. Woche

Dir selber
LAW geben

Sehr oft, fast immer, fühlt sich das Gegenteil von etwas Schmerzhaftem angenehmer an. Freier, unabhängiger, liebevoller. Ein mögliches Gegenteil von »Liebe, Anerkennung und Wertschätzung suchen« könnte sein: sie nicht bei anderen Menschen zu suchen. Die Menschen frei zu lassen in ihrer Entscheidung, wann und ob überhaupt sie dir ihre Liebe, Anerkennung oder Wertschätzung geben oder zeigen wollen, aus freiem Herzen. Und dich in der anderen Zeit dir selbst zuwenden. Mir gelingt das am besten mit der Frage:

Was/wie kann ich mir selbst jetzt Gutes tun?

Diese Frage mag auf den ersten Blick unspektakulär aussehen, sie hat es aber in sich.

1. Ist sie sehr praktisch orientiert, indem sie nicht nach dem »Warum« fragt, sondern konkret nach dem »Was« und dem »Wie«.

Gib dir jetzt sofort einen Moment Zeit, um zu spüren, was dir *jetzt* wirklich guttun würde (was du dir selbst geben kannst). Das kann eine Kleinigkeit sein. Vielleicht magst du dich mal strecken, tiefer atmen, deinen Körper bewusst wahrnehmen, einen Moment aus dem Fenster schauen?

2. Enthält die Frage ganz klar den Bezug auf die eigene Person »...ich mir selbst...« Ich suche mit der Frage also nicht im Außen nach einer Befriedigung, kaufe mir kein Kleid, keine Sahnetorte, und versuche auch nicht, von anderen Menschen etwas zu kriegen.

Das »ich mir selbst« stößt bei manchen Menschen zunächst auf Abwehr. Sie meinen, das sei langweilig und öde, der Mensch sei doch ein soziales Wesen und so weiter. Ich will hier nicht recht haben, sondern dir nur Wege und Möglichkeiten aufzeigen, wie du für dich selbst da sein und die Zeit mit dir selbst genießen kannst, wenn gerade niemand da ist, der dir diese Wünsche erfüllt. Und ehrlich gesagt: Auch wenn jemand da ist, kann es eine echte Befreiung sein, auf die Liebe, die Anerkennung, und die Wertschätzung des anderen nicht angewiesen zu sein, deine Grundversorgung an LAW quasi selbst abzudecken. In meinem Leben war das einer der wichtigsten Schritte in die Freiheit. (Und auch in die Verbundenheit, da ich erst mit anderen richtig verbunden sein kann, wenn ich nicht mehr abhängig von ihnen bin.)

Meine Erfahrung ist: Kann ich mich selbst lieben, anerkennen und wertschätzen, bin ich frei. Und ich kann mit anderen Menschen in einem inspirierenden Kontakt sein, ohne von ihnen etwas zu brauchen und zu erhoffen (dieses Hoffen und Brauchen würde mich wieder klein und bedürftig machen) oder zu fordern, was Druck ausübt. Und Druck erzeugt bekanntlich Gegendruck ...

Wofür kannst du dich selbst anerkennen, wertschätzen oder lieben? Das dürfen auch Kleinigkeiten sein.

- Was hast du getan oder gelassen, wofür du dich lieben oder wertschätzen kannst?
- Welche von deinen Fähigkeiten hast du genutzt?
- Wo warst du anderen eine Unterstützung?
  (Auch das dürfen wieder Kleinigkeiten sein.)

Deine Beispiele:

....

....

Erlaube dir, diese Beispiele zu fühlen! Und bitte, sei freundlich mit dir. Alles, was du hier lernst, bringt dich auf einen Weg. Verlange nicht von dir, alles sofort und perfekt zu können. Kannst du dir den Weg erlauben?

3. Woche

Liebe

und wertschätze

dein Leben

Wie würde sich dein Leben anfühlen und wie könntest du von hier aus auf dein bereits gelebtes Leben schauen, wenn du dich selbst lieben, anerkennen und wertschätzen könntest? Wirf mal einen Blick zurück:

- Was hast du gut hingekriegt, auch trotz manchmal widriger Umstände?
- Was ist dir alles gelungen?
- Was hast du schon alles umgesetzt?

Bitte achte auch auf die kleinen Dinge. Nimm dir Zeit, jedes einzelne Beispiel auch zu fühlen. Bleib mit deiner Aufmerksamkeit konsequent bei den erfreulichen, positiven Dingen. Die kritischen siehst du meist schon genug:

Vielleicht findest du noch mehr, wenn du nach bestimmten Lebensbereichen oder auf bestimmte Zeiten deines Lebens schaust:

Jugend: Was hast du gut hingekriegt, auch trotz manchmal widriger Umstände?

Beruf: Was hast du schon alles gelernt, angewendet und umgesetzt?

Partnerschaften: Was hast du durch Partnerschaften schon alles erlebt, geliebt, erforscht, genossen?

....

....

....

....

....

....

Finanzen: In welcher Hinsicht kannst du deinen Umgang mit Geld wertschätzen, oder das Nichtvorhandensein von Geld:

....

....

....

....

....

....

Gesundheit/Ernährung/Sport: **Was magst du diesbezüglich an deinem Leben?**

Nimm dir Zeit, jedes einzelne Beispiel auch zu fühlen. Und achte darauf, dass du mit deiner Aufmerksamkeit bei den erfreulichen, positiven Dingen bleibst. Die Dinge, die du als etwas Unerfreuliches einstufst, zeigt dir dein Verstand meist schon genug.

Wie fühlt sich der Blick auf dein Leben jetzt an, nachdem du Beispiele dafür gefunden hast, was du an dir und in deinem Leben lieben, anerkennen und wertschätzen kannst?

4. Woche

Liebe, Anerkennung und Wertschätzung geben

Ein weiteres Gegenteil von »Liebe, Anerkennung und Wertschätzung suchen« könnte sein: sie selbst finden und geben; etwas Liebevolles wahrnehmen, statt in den Liebesuchmodus zu geraten.

In den Momenten, in denen du normalerweise nach LAW suchst, könntest du nach einer Möglichkeit Ausschau halten, wie du dich einem anderen Menschen gegenüber liebevoll, wertschätzend oder anerkennend verhalten kannst. Du könntest deine Aufmerksamkeit authentisch und ehrlich vom Bekommen-Wollen auf das Geben richten. Und falls du jetzt sagt: »O nö, ich gebe ja schon so viel, ich will nicht noch mehr geben«, dann kannst du vielleicht auch feststellen, dass sich manchmal allein die Wahrnehmung von etwas Freundlichem in dir selbst schon liebevoll und nährend anfühlt.

Ich für mich habe gemerkt: Ich kann mir selbst Liebe, Anerkennung und Wertschätzung geben, ebenso anderen Menschen und allem, was mich umgibt.

Mir selbst:

- Ich bin freundlich mit mir, komme, was wolle (bedingungslose Selbstliebe).
- Ich hetze nicht durch den Tag, das ist mir ganz wichtig.
- Damit erkenne ich mein Bedürfnis an, alles in Ruhe zu machen.

Anderen Menschen:

- Ich nehme die Freundlichkeit anderer Menschen wahr und bedanke mich dafür.
- Ich bemerke die schöne Kleidung, die jemand trägt, die Frisur oder die Aufmerksamkeit, die derjenige mir angedeihen lässt, und teile meinem Gegenüber mit, dass ich dies wertschätze.

Meiner Umgebung:

- Ich beobachte die Spatzen auf meinem Fensterbrett und sage ihnen, wie süß sie sind.
- Mir fallen die Blumen auf, die am Straßenrand wachsen, ich staune eine Weile über ihre Pracht und genieße ihren Duft.
- Ich schätze es, dass es vor meinem Haus in Berlin einen Bus gibt, dass das U-Bahn-Netz so gut ausgebaut ist, und ich liebe mein Fahrrad, mit dem ich so gern durch die Stadt radle.

Willst du auch mal ausprobieren, wie es ist, deine Aufmerksamkeit bewusst darauf auszurichten, bei anderen etwas Schönes zu entdecken und es ihnen mitzuteilen, wenn du etwas gefunden hast? Dadurch können echte Wunder geschehen. Achte mal darauf, wie Menschen reagieren, zu denen du seit Langem ein neutrales oder sogar ein getrübtes Verhältnis hast, wenn du damit beginnst, ihnen ehrlich! etwas zurückzumelden, was du an ihnen magst. Das dürfen wieder die kleinsten Kleinigkeiten sein.

- Wie fühlt es sich in dir an, nach dieser Wertschätzung Ausschau zu halten, deinen Fokus also auf etwas Erfreuliches zu legen?
- Und wie ist es, dem anderen etwas Nettes zu sagen, was du aufrichtig so empfindest?
- Kannst du sehen, wie dies für die andere Person ist?
- Und was geschieht danach mit eurem Kontakt?

Resümee

10. Monat

Deine Erfahrungen:

....

....

....

....

....

Deine Erkenntnisse:

....

....

....

....

....

Welche Übung hat dir besonders gut gefallen?

....

....

....

....

....

Was war dir neu?

....

....

....

....

....

Was möchtest du weiter üben und wie?

....

....

....

....

....

Was konntest du loslassen?

....

....

....

....

....

11. Monat

Selbstliebe

Eins meiner Lieblingszitate kommt von Oscar Wilde. Ich habe es auf eine meiner selbst gezeichneten Postkarten drucken lassen:

»Sich selbst zu lieben ist der Beginn einer lebenslangen Romanze.«

In meinem erfüllten Leben bin ich nicht abhängig davon, ob andere mich verstehen, mir zuhören, mich wahrnehmen, mögen oder loben. Ich kann mich jederzeit mir selbst zuwenden, mich mit mir selbst wohl und mich in meinem Körper zu Hause fühlen (unabhängig davon, ob er dem gängigen Schönheitsideal entspricht). Aus diesem Zentrum kann ich leben und gestalten.
Kann ich mich selbst so nehmen, wie ich bin, mit allem, was ich jetzt noch als »Schwächen« bezeichne, genieße ich mich und mein Leben, was immer

auch geschehen mag. Nichts, was jemand sagt, denkt, erwartet oder tut, kann mir diesen Genuss wegnehmen.

Der vergangene Monat hat dich schon für diesen vorbereitet. Zum Beispiel mit der Frage: »Was/wie kann ich mir selbst jetzt Gutes tun?« Oder durch die Anerkennung und Liebe, die du für dich selbst finden und empfinden kannst, indem du etwas Liebevolles oder Erfreuliches wahrnimmst, das dich bereits umgibt und dir damit selber guttust.

Im zweiten, dritten und vierten Monat waren das Bitten, das Neinsagen und auch die transparente Kommunikation ein Schritt in die Richtung, dich selbst authentisch zu vertreten.

In diesem Monat widmen wir uns nun einer weiteren Verbindung mit dir selbst, die dir ein warmes, weiches zu Hause geben kann, das du nie mehr verlassen musst.

Was du in diesem Monat loslassen kannst:

- dass deine Hinwendung zu dir an bestimmte Bedingungen geknüpft ist.
- die Abhängigkeit davon, dass andere dir etwas Gutes tun müssen.
- die Erwartung an die Welt, dass sie deine Bedürfnisse befriedigt.
- das Unwohlsein in deinem Körper.

1. Woche

> *Du kannst bedingungslos freund-lich zu dir sein*

Bitte: Sei freundlich zu dir! Und zwar ohne Bedingungen. Das ist möglich! Was nützt es dir, wenn etwas suboptimal gelaufen ist und du dir zusätzlich noch Vorwürfe machst? Sollte dir das Freundlichsein schwerfallen, kannst du dir das Schwerfallen vielleicht wenigstens erlauben? Gehe dazu zum ersten Monat zurück, und lass dich durch die Erlauben-Meditation begleiten.

Finde ein Beispiel aus deinem Leben, wo du dir Vorwürfe gemacht hast. Sieh die Situation noch mal klar vor Augen, wo du genau bist, mit wem und was vorgefallen ist.

Lass in deiner Rückschau alles genau so geschehen, wie es gewesen ist, und stell dir lediglich vor, du würdest dir keine Vorwürfe machen. Wie wäre das? Wie würde sich das anfühlen?

Erlaube dir, ein paar Minuten in diesem Gefühl zu verweilen und wahrzunehmen, dass etwas nicht so laufen kann wie gewünscht und du dir dennoch keine Vorhaltungen machen musst.

Manchmal taucht in uns der Glaubenssatz auf, dass diese Härte notwendig ist, damit wir uns bewegen und entwickeln.

Nimm dir einen Moment Zeit und frage dich: Brauchst du die Vorwürfe und die harte Knute wirklich, um aus solchen Situationen zu lernen? Wenn deine Antwort Ja lautet, könntest du diesen Glaubenssatz mit The Work überprüfen.

2. Woche

*Du bist gut,
so wie du bist!*

Was an dir lehnst du ab? Eigenschaften, Körperteile, Einschränkungen?

Wie fühlt es sich für dich an, Teile von dir nicht oder anders haben zu wollen?
Wie ist dein Leben mit dieser Ablehnung?

Und ist diese Ablehnung wirklich nötig? Selbst, wenn du zum Beispiel abnehmen möchtest, musst du nicht mit Ablehnung in deine Diät oder ins Fasten starten. Wie wäre es, wenn du mit Dankbarkeit und Liebe ein paar Kilo leichter werden würdest?

....

....

....

....

....

Finde einen überzeugenden Grund, warum es gut ist, dass du so bist, wie du bist. Warum auch dieser Teil, den du ablehnst, gut ist, wie er ist. Viele Frauen haben ein Problem mit ihrem Bauch. Ich kann finden, dass mein Bauch gut ist, wie er gerade ist, und dennoch etwas abnehmen wollen. Ich kann dankbar sein, dass ich mich mit kraftspendenden Nahrungsmitteln versorgen kann, dass ich so leckere Sachen zu mir nehmen darf, dass der Bauch (Magen und Darm) so meisterhaft seine Arbeit macht.

Also, inwiefern ist der Teil, den du ablehnst, gut, so wie er ist?
Solltest du selbst partout keine Beispiele findest, kannst du hier deine Freunde einbeziehen und um Unterstützung bitten.

Wie wäre dein Leben, wenn du dich mit diesem Teil so nehmen könntest, wie er jeweils gerade ist?

3. Woche

*Du bist
das Wichtigste
in deinem Leben!*

In dieser Woche möchte ich dich dazu einladen, dich und dein eigenes Wohlgefühl zur wichtigsten Sache zu machen. Es ist dein Leben. Wenn du kannst, erlaube dir in dieser Woche das Experiment, dich mit allem, was du tust, an erste Stelle zu setzen. Falls du nun einwenden willst, dass das aber egoistisch ist, dann schau doch mal, ob du nicht auch besser für andere da sein kannst, wenn es dir selbst gut geht. Niemand hat etwas davon, wenn du auf dem Zahnfleisch kriechst.

Finde jetzt gleich ein Beispiel, wo du für andere nicht da sein konntest, weil es dir selbst nicht gut ging, und erlaube dir, das zu spüren.

....

....

....

....

Könnte es also sein, dass es sinnvoll ist, wenn du dich zuerst um dich kümmerst und dann erst um andere? (Bei einem Notfall im Flugzeug ist das ja auch so.)

Wie wäre es, wenn du dich noch viel mehr um dich selbst kümmern dürftest?

....
....
....

Probiere es in dieser Woche einmal aus, verwöhne dich, umsorge dich, stelle dich an allererste Stelle. Und auch, wenn du arbeiten gehst und Kinder oder Eltern versorgst, tu alles, was getan werden muss, konsequent auf eine Weise, dass es für dich passt und sich gut anfühlt. Das Leben entfaltet sich von einem Moment zum nächsten und du brauchst dich nur immer wieder zu fragen:

Wie würde sich dieser Moment jetzt anfühlen, wenn ich mich an erste Stelle setzen würde?

Und dann frage dich:

Was brauche ich dafür/Was kann ich dafür tun, damit ich jetzt an erster Stelle stehen kann?

Für mich ist Genießen immer eine gute Idee. Ich frage mich oft:
Was kann ich jetzt gerade genießen?
Irgendwas finde ich immer.

Notiere dir die schönsten Momente und was du da genau gemacht hast. Vielleicht hast du ja Lust, das zu wiederholen? Und nimm auch wahr, wie du andere besser unterstützen kannst, wenn es dir gut geht.

....
....
....

4. Woche

Deine

Glaubenssätze

über dich

Was glaubst du Ungünstiges, Einschränkendes und Liebloses über dich? Was haben andere schon über dich gesagt und du hast es geglaubt? Was glaubst du vielleicht schon seit deiner Kindheit? Was haben Eltern, Erzieher oder Lehrer Negatives in dir gesehen und dir nicht vorenthalten? Welche Urteile haben sie über dich gefällt, die du irgendwann übernommen hast?

Beispiele:

Ich bin egoistisch.　　　　*Ich bin zu schwierig.*
Ich bin schwach.　　　　　*Ich bin zu fordernd.*
Ich bin unbedeutend.　　　*Ich bin zu unterwürfig.*
Ich bin langweilig.　　　　*Ich bin zu dick.*
Ich bin unordentlich.　　　*Ich bin zu dumm.*
Ich bin nicht genug.　　　 *Ich bin zu faul.*
Ich bin zu energisch.

Nur, weil du diese Glaubenssätze glaubst, heißt das aber nicht, dass sie auch wahr sind. Du kannst zu einer neuen Sichtweise über dich gelangen, wenn du deine stressigen Gedanken über dich selbst überprüfst.

Wähle in dieser Woche eins von diesen Urteilen aus (gern auch mehrere) und überprüfe es mit The Work (siehe dazu den Extrateil).

Deine Beispiele:

Resümee

11. Monat

Deine Erfahrungen:

....
....
....
....
....

Deine Erkenntnisse:

....
....
....
....
....

Welche Übung hat dir besonders gut gefallen?

....
....
....
....

Was war dir neu?

....
....
....
....
....

Was möchtest du weiter üben und wie?

....
....
....
....
....

Was konntest du loslassen?

....
....
....
....

12. Monat

Was ist dir wirklich wichtig?

Fühlst du dich als Schöpferin oder Schöpfer deines Lebens? Oder machst du eher, was die anderen sagen?

Weiß ich, was mir im Leben wichtig ist, und habe das klar formuliert, kann ich mich besser auf diese Dinge ausrichten. Alles, was mir nichts bedeutet, erkenne ich leichter und lasse mich nicht davon ablenken. Wie schnell ploppt im Internet ein Fenster auf, wird mir etwas vorgeschlagen, auf das ich klicken soll, und schon bin ich nicht mehr bei dem, was ich eigentlich tun wollte. Auch kann ich mich leicht mit meinen Arbeitsaufgaben verzetteln, wenn ich meine Prioritäten nicht kenne. Dann arbeite ich gestresst Listen ab, und die Aufgaben, die mich wirklich vorwärtsbringen könnten, bleiben liegen.

Kannst du dein Leben dem widmen, was dir wichtig ist, bist du zufriedener, ausgeglichener und erfüllter. Und du musst dir nicht von anderen erzählen lassen, worauf es ankommt (zum Beispiel sinnlos konsumieren oder materielle Werte anschaffen, die dich nicht erfüllen).

Was du in diesem Monat loslassen kannst:

- dein Rennen im Hamsterrad, um die Erwartungen anderer zu erfüllen.
- die Angewohnheit, Zeit mit Dingen zu vertrödeln, die dich nicht erfüllen.
- ein Gefühl von Unklarheit.

Mir ist zum Beispiel enorm wichtig:

- in einem echten, unverstellten Kontakt mit Menschen zu sein. Das wärmt und nährt mich und öffnet mein Herz.
- für andere da zu sein, unterstützend zu wirken.
- alles in Ruhe zu machen, damit Achtsamkeit möglich ist und ich mich nicht gestresst fühle.
- mein Leben mit geöffneten Sinnen zu leben.
- mich künstlerisch auszudrücken und mit Kunst zu umgeben.
- in der Natur zu sein und mich mit ihr verbunden zu fühlen.

Was ist dir wichtig?

1. Woche

Erfülle

dir deine

Bedürfnisse

Wann hast du in deinem Leben schon mal ein echtes Glücksgefühl erlebt?
Lass dir Zeit, gehe in deine Vergangenheit zurück und spüre, wann und
warum du so richtig glücklich und erfüllt warst.

Sieh die Situation wieder vor Augen und erlaube dir, dieses Gefühl noch einmal zu erleben (so lange du möchtest).
Kannst du ausmachen, welches deiner Bedürfnisse in dem Moment erfüllt wurde?

....

....

....

....

....

....

....

....

....

....

Mach dir klar, dass du dir selbst Bedürfnisse erfüllen kannst oder du, in einer Art Vorstufe, Situationen herbeiführen kannst, die deine Bedürfnisse befriedigen. Hier ist eine Auswahl an möglichen Bedürfnissen, die die meisten Menschen haben. Sicherlich findest du hier auch ein paar, die du selbst hast:

Freiheit/Respekt/Berührung/ Herausforderung/Humor/Gleichgewicht/Anerkennung/Zusammenarbeit/ Meisterschaft/Verbundenheit/Unabhängigkeit/Tiefe/ Liebe/Kreativität/Entfaltung/Heilung/Nähe/Individualität/Stabilität/Offenheit/ Stimmigkeit/Dauerhaftigkeit/Berechenbarkeit/Komfort/Einfachheit/Klarheit/ Struktur/Dienen/Integrität/Unterstützung/Sinn/Sein/Ruhe/Geben/Feiern/Erreichen/Annahme/Ganzheit/Zugehörigkeit/Sicherheit/Ordnung/Spiel

Jetzt, wo du vermutlich einige von deinen Bedürfnissen gefunden hast, wähle dir eines aus und frage dich: Wie kann ich mir dieses Bedürfnis noch öfter erfüllen? Das kann auf verschiedene Art und Weise geschehen. Oder: Wie kann ich Situationen herbeiführen, in denen es erfüllt wird?

....

....

....

....

....

Beispiel von mir:

Situation: Ich habe letzte Woche ein entspanntes, tief gehendes Gespräch mit meiner Tochter gehabt, in dem wir uns Sachen erzählt haben, die wir noch nicht voneinander wussten.

Erfüllte Bedürfnisse: Verbundenheit, Tiefe, Entspannung, Annahme, Zugehörigkeit

Wie kann ich mir diese Bedürfnisse noch erfüllen? Ich kann meine Tochter fragen, ob wir öfter mal Zeit füreinander haben können. Ich kann mich auch mit ihr über Telegramm verbunden fühlen, indem ich sie öfter mal etwas frage, auch wenn ich unterwegs bin. Ich kann ihr kleine Bildchen schicken oder sie fragen, wie es ihr gerade geht.

Mein Bedürfnis nach Tiefe kann ich mir auch erfüllen, indem ich ein gutes Buch lese oder mich im Kontakt mit anderen Menschen aufrichtig und transparent zeige. Und auch, indem ich etwas von mir teile, was ich eigentlich lieber verstecken würde. Das stellt meistens Tiefe her, und ich bin nicht darauf angewiesen, dass jemand anderes mir mein Bedürfnis erfüllt. Wenn das geschieht: super. Wenn nicht, auch super. Dann kümmere ich mich darum, dass ich mir selbst mein Bedürfnis erfülle. Das ist ein schöner Akt der Selbstliebe.

Finde nun noch einen weiteren Glücksmoment in deinem Leben. Wann und in welcher Situation hast du ein echtes Glücksgefühl erlebt, wann warst du so richtig glücklich und erfüllt?

....

....

....

....

....

....

Sieh die Situation wieder vor Augen und erlaube dir, dieses Gefühl noch einmal zu erleben (so lange du möchtest).
Wieder geht es darum auszumachen, welches deiner Bedürfnisse in diesem Moment erfüllt wurde. (Nimm dir dafür ruhig noch mal die Liste mit den Bedürfnissen auf Seite 213 vor.)

....

....

....

....

....

....

Wie kannst du dir dieses Bedürfnis noch öfter erfüllen? Das kann auf verschiedene Art und Weise geschehen. Oder wie kannst du Situationen herbeiführen, in denen es erfüllt wird?

Und nun überlege eine dritte Situation, in der du in deinem Leben ein echtes Glücksgefühl erlebt hast. Lass dir Zeit, um zu spüren, wann du so richtig glücklich und erfüllt warst.

Sieh die Situation wieder vor Augen und erlaube dir, dieses Gefühl noch einmal zu erleben (so lange du möchtest).
Welches deiner Bedürfnisse wurde in dem Moment erfüllt?

Wie kannst du dir auch dieses Bedürfnis noch öfter erfüllen?
Was für Situationen kannst du herbeiführen,
in denen es erfüllt wird?

2. Woche

Deine

Fähigkeiten

anerkennen

Worin bist du richtig gut? Was kannst du? Bei welcher Tätigkeit bist du im Flow? Was kannst nur du auf diese spezielle Art? Mit welchen von deinen Fähigkeiten konntest du dir, anderen oder der Welt schon nützlich sein?

Hast du Beispiele gefunden, was du besonders gut kannst? Erlaube dir wieder, eine Weile zu spüren, dass du diese Fähigkeiten hast und das Gefühl sich in dir ausbreiten zu lassen. Kannst du es genießen? Kannst du dich dafür anerkennen, wertschätzen und lieben? Wie fühlt sich das an?

....

....

Beispiele von mir:

1. Ich war schon immer gut darin, Dinge infrage zu stellen. Das war manchmal für andere etwas unbequem, am Ende aber oft hilfreich. Konkret: Ich bin in der DDR aufgewachsen und habe mich im Unterricht immer wieder getraut, die Mauer infrage zu stellen. Ich habe so lange weiter gefragt, bis die Lehrer keine Antworten mehr hatten. Zu sehen, wo ihnen die Antworten ausgingen, war für mich und sie hilfreich, um die eigene Wahrheit zu sortieren. Wenn ich mir diese Fähigkeit verdeutliche, spüre ich eine frische Lebendigkeit in mir.

2. Seit ich selbstständig bin, kann ich gut Prioritäten setzen. Sonst würde ich vierundzwanzig Stunden am Tag arbeiten. Die To-do-Listen werden nie wirklich kürzer, und irgendetwas bleibt immer unerledigt. Niemals aber etwas Wichtiges. Das gibt mir ein Gefühl von Zufriedenheit.

3. Ich bin gut darin, Dinge für möglich zu halten, bei denen andere gleich abwinken. Ich kann sie in mir bewegen, sie vor Augen sehen, ihnen eine Gestalt geben. Dadurch, dass ich sie für möglich halte, finde ich leichter Wege dorthin.

4. Ich bin ganz gut darin (noch Luft nach oben), mich ehrlich und transparent zu zeigen. Meine Gefühle da sein zu lassen und für andere sichtbar zu machen, sie also teilhaben zu lassen an dem, was in mir vorgeht. Das schafft Verbindung und aus dieser Verbundenheit finden wir oft Lösungen, die für alle gut sind. Häufig fühlt sich das sogar an wie ein Beitrag zum Weltfrieden. (Ich übertreibe nicht. Kein Kampf, kein Stress, kein Gegeneinander, also Frieden.)

Und jetzt bist du dran.
Mach gern eine richtig lange Liste! Ich lasse dir hier drei Doppelseiten Platz,
damit du auch alle Kleinigkeiten notieren kannst.

1. Worin bist du richtig gut? Was kannst du? Bei welcher Tätigkeit bist du im
   Flow? Was kannst nur du auf diese spezielle Art?

2. Erlaube dir, eine Weile zu spüren, dass du diese Fähigkeit hast, und lass das
   Gefühl sich in dir ausbreiten. Kannst du es genießen? Kannst du dich dafür
   anerkennen, wertschätzen und lieben? Wie fühlt sich das an?

1. Worin bist du richtig gut? Was kannst du? Bei welcher Tätigkeit bist du im Flow? Was kannst nur du auf diese spezielle Art?

....

....

....

....

....

....

....

2. Erlaube dir, eine Weile zu spüren, dass du diese Fähigkeit hast, und lass das Gefühl sich in dir ausbreiten. Kannst du es genießen? Kannst du dich dafür anerkennen, wertschätzen und lieben? Wie fühlt sich das an?

....

....

....

....

....

....

1. Worin bist du richtig gut? Was kannst du? Bei welcher Tätigkeit bist du im
   Flow? Was kannst nur du auf diese spezielle Art?

2. Erlaube dir, eine Weile zu spüren, dass du diese Fähigkeit hast, und lass das
   Gefühl sich in dir ausbreiten. Kannst du es genießen? Kannst du dich dafür
   anerkennen, wertschätzen und lieben? Wie fühlt sich das an?

1. Worin bist du richtig gut? Was kannst du? Bei welcher Tätigkeit bist du im Flow? Was kannst nur du auf diese spezielle Art?

2. Erlaube dir, eine Weile zu spüren, dass du diese Fähigkeiten hast, und lass das Gefühl sich in dir ausbreiten. Kannst du es genießen? Kannst du dich dafür anerkennen, wertschätzen und lieben? Wie fühlt sich das an?

1. Worin bist du richtig gut? Was kannst du? Bei welcher Tätigkeit bist du im Flow? Was kannst nur du auf diese spezielle Art?

2. Erlaube dir, eine Weile zu spüren, dass du diese Fähigkeit hast, und lass das Gefühl sich in dir ausbreiten. Kannst du es genießen? Kannst du dich dafür anerkennen, wertschätzen und lieben? Wie fühlt sich das an?

1. Worin bist du richtig gut? Was kannst du? Bei welcher Tätigkeit bist du im Flow? Was kannst nur du auf diese spezielle Art?

2. Erlaube dir, eine Weile zu spüren, dass du diese Fähigkeit hast, und lass das Gefühl sich in dir ausbreiten. Kannst du es genießen? Kannst du dich dafür anerkennen, wertschätzen und lieben? Wie fühlt sich das an?

3. Woche

In deine Kernkompetenz kommen

Gibt es einen Bereich in deinem Leben, in dem du unzufrieden bist? Mögliche Lebensbereiche sind:

Arbeit/Freunde/Finanzen/Beziehung/Familie/Gesundheit/Sexualität/Freizeit/Weiterentwicklung.

Deine Unzufriedenheit könnte daher kommen, dass du dich in diesem Bereich noch nicht »in deiner Kernkompetenz« bewegst, dich noch nicht auf die Tätigkeiten konzentrierst, die deinen speziellen Vorlieben und Fähigkeiten entsprechen.
Das Tool dieser dritten Woche soll dich dabei unterstützen, immer weniger von dem zu tun, was dich nervt, dir schlechte Laune bereitet und worin du gar nicht gut bist.

2010, als ich das erste Mal diese Tabelle ausgefüllt habe, hat mir das die Augen geöffnet. Zum Beispiel bezüglich meiner Laune, die in den letzten beiden Kästchen immer gefährdet war. Und auch bezüglich meines Einkommens. Mit den Dingen, die ich liebe und die meine Kernkompetenz darstellen, verdiene ich wesentlich mehr als mit den Tätigkeiten, die ich nicht mag und auch gar nicht so gut mache.

Mein Lebensbereich: meine Selbstständigkeit

1. Was ich am liebsten tue, was nur ich so ausgezeichnet kann, wodurch ich in Flow komme, was mich inspiriert und energetisiert: • meine intuitiven Einzelsitzungen • Seminarinhalte planen • Seminare geben	2. Wofür ich gelobt werde, was anderen nützt, was mir leichtfällt und ich gern tue: • Seminare geben • Bücher schreiben • Vorträge halten • Zeichnen
3. Was ich glaube, tun zu müssen, aber nur ungern tue. Was mir Kraft abzieht und die gute Laune verdirbt. Was ich auch gar nicht gut kann: • tägliche Social-Media-Bespielung • Reiseplanungen/ Tickets buchen	4. Was ich nicht ausstehen kann und vor mir herschiebe: • Buchhaltung • Computertechnik verstehen

Die Idee dieser Tabelle ist, nach und nach alles, was in den unteren beiden Kästchen steht, zu delegieren, und nur noch das zu tun, was in den oberen Kästchen steht. Es ist völlig in Ordnung, wenn du das jetzt noch nicht für möglich hältst. Beginne mit einem Punkt aus den unteren Kästchen, vielleicht mit dem Nervigsten, und gehe dann Stück für Stück weiter.

Erlaube dir immer mal wieder zu spüren, wie dein Leben sich anfühlen würde, wenn du es ausschließlich mit den Inhalten der beiden oberen Kästchen zu tun hättest.

Wichtig: Bei dieser Übung ist es entscheidend, dass du dich nicht lange mit Gedanken darüber aufhältst, dass das nicht geht, nach Beweisen suchst, warum es unmöglich ist und ich, Ina, gut reden habe. Diesen unproduktiven Teil kannst du gern einfach überspringen. Beginne sofort damit, es für möglich zu halten, und konzentriere dich auf das Wie. Wie könnte es gehen, welche Möglichkeiten gibt es, das, was in den unteren beiden Kästchen steht, zu delegieren, zu automatisieren oder ganz abzuschaffen? Du kannst Freunde fragen, Bücher dazu lesen oder im Netz recherchieren. Als Motivation kann dir immer mal wieder ein mentaler Exkurs in die Zeit dienen, in der du nur noch in den ersten beiden Kästchen lebst. Ich mache nur noch meine Reiseplanung selbst und einen minikleinen Teil der Steuererklärung. Diese zwei Dinge möchte ich gar nicht mehr abgeben, weil ich sie mittlerweile ganz gern tue.

Dein Lebensbereich: ....

1. Was ich am liebsten tue, was nur ich so ausgezeichnet kann, wodurch ich in Flow komme, was mich inspiriert und energetisiert:	2. Wofür ich gelobt werde, was anderen nützt, was mir leichtfällt und ich gern tue:
3. Was ich glaube, tun zu müssen, aber nur ungern tue. Was mir Kraft abzieht und die gute Laune verdirbt. Was ich auch gar nicht gut kann:	4. Was ich nicht ausstehen kann und vor mir herschiebe:

Dein Lebensbereich: ....

1. Was ich am liebsten tue, was nur ich so ausgezeichnet kann, wodurch ich in Flow komme, was mich inspiriert und energetisiert:	2. Wofür ich gelobt werde, was anderen nützt, was mir leichtfällt und ich gern tue:
3. Was ich glaube, tun zu müssen, aber nur ungern tue. Was mir Kraft abzieht und die gute Laune verdirbt. Was ich auch gar nicht gut kann:	4. Was ich nicht ausstehen kann und vor mir herschiebe:

4. Woche

Deine

Zukunft

Wo soll's hingehen?
Stell dir vor, es gibt keine finanziellen Einschränkungen, du kannst dich selbst lieben, suchst nicht mehr nach Anerkennung und Liebe, fütterst keine destruktiven Gewohnheiten mehr, siehst Kritik als Geschenk an, kannst deine Aufmerksamkeit lenken, schaffst es, in deiner Angelegenheit zu bleiben, kannst deine Sinne für den Reichtum dieses Lebens öffnen, kannst ehrlich und transparent kommunizieren, dich mit einem ehrlichen Nein vertreten, um das bitten, was du möchtest, und alle Empfindungen, die auftauchen, erlauben – wer bist du dann?

Wenn du dir jetzt für einen Moment erlaubst, groß zu denken, unverschämt zu denken:

Wo möchtest du dann in drei Jahren stehen? Was möchtest du in deinem Leben haben? Wie soll dein Leben aussehen? Versuche, nicht darüber nachzudenken, sondern dich von den Antworten finden zu lassen, das ist oft überraschend. Erlaube dir, einen Traum zu formulieren, der sich erhebend anfühlt, bei dem du spürst, dass du am Leben bist. Einen Traum, für den es sich lohnt loszugehen. Er darf so groß sein, dass du dir kaum vorstellen kannst, tatsächlich dort anzukommen.

Und dann stell dir für einen Moment vor, du wärest schon dort. Schau dich um, wie lebt es sich da? Wie fühlt sich dein Leben an? Wie arbeitest du, lebst du, liebst du? Gib dir ein paar Minuten, um in diese Welt einzutauchen, sie vor deinem inneren Auge zu sehen und zu spüren.

Und dann frage dich:

Wie bin ich hierhergekommen? Was habe ich getan, um tatsächlich hier zu landen? Welche konkreten Schritte habe ich unternommen:

1. ....

....

....

2. ....

....

....

3. ....

....

....

4. ....

....

....

5. ....

....

....

Und dann gehe diese Schritte! In deinem eigenen Tempo und mit Freude.

Ich wünsche dir alles Liebe und Gute auf deinem Weg!

Resümee

12. Monat

Deine Erfahrungen:

....

....

....

....

....

Deine Erkenntnisse:

....

....

....

....

....

Welche Übung hat dir besonders gut gefallen?

....

....

....

....

....

Was war dir neu?

....
....
....
....
....

Was möchtest du weiter üben und wie?

....
....
....
....
....

Was konntest du loslassen?

....
....
....
....

Wenn du an dieser Stelle angekommen bist, hast du das ganze Buch vermutlich einmal durchgearbeitet. Hast du dir dabei Zeit gelassen und dir erlaubt, tiefe Erfahrungen zu machen?
Nun lade ich dich ein, noch einmal an den Anfang des Buches zurückzublättern und nachzulesen, was du vor einem Jahr loslassen wolltest. Und dann sieh vor deinem inneren Auge, was sich seither alles getan hat. Schenke dabei auch den Kleinigkeiten Beachtung. Was hat sich verändert in deinem Leben?

Wenn du möchtest, kann dieses Journal auch im nächsten Jahr noch dein Begleiter sein. Du kannst alle Übungen wiederholen.

Ich stelle mir gerade vor, wie du staunend bemerkst, wie viel du schon im ersten Jahr verändert hast. Und wie dir nun auffällt, dass die Übungen miteinander zusammenhängen und dir jede einzelne Übung auch für alle anderen hilfreich ist. Das zaubert mir ein Lächeln aufs Gesicht.

SINN SUCHER

Dein erfülltes Leben beginnt jetzt

Endlich loslassen!
Der große Online-Praxiskurs

Verbunden und frei in 12 Monaten –
Der Online-Kurs von und mit Ina Rudolph für alle, die
ihr Wissen vertiefen und im Alltag leben möchten.

- Video-Module für jede Woche des Jahres
- zahlreiche vertiefende Übungen & Meditationen
- Sofort starten, lebenslanger Zugriff auf alle Inhalte

Der umfassende Jahreskurs
>jederzeit starten

Alle Infos unter:

sinnsucher.de/loslassen

 Geld-Zurück-Garantie    Lebenslanger Zugriff    100% Exklusiv